KB195854

한눈파는 부모 수업

한눈파는 부모 수업

초판 1쇄 | 2025년 2월12일 펴냄

지은이 | 이금화
북디자인 | 루디아153
일러스트 | 소소한일상

펴낸 곳 | 도서출판 훈훈
주소 | 경기도 고양시 덕양구 소원로267
이메일 | toolor@hanmail.net
홈페이지 | blog.naver.com/toolor
인스타그램 | @hunhun_hunhun

내 아이에게
'다른 길로 가도 괜찮다'고
말하고픈 부모에게
손 내미는 이야기

한눈파는
부모수업

이 금 화

지 음

흔흔

목 차

배움은 학교에서만 일어나는 것이 아니다. 삶으로 연결되는 진정한 배움은 오히려 학교를 벗어나야 가능한 시대가 되었다. 오로지 지식 채우기만을 강조하는 대한민국 교육 시스템에서 벗어나 생애 첫 번째 맞이하는 어른이자 교사인 '부모'와 함께 '홈스쿨'을 했던 이안이 가족의 이야기를 읽으며 "아이가 칠판을 바라볼 때 더 많이 배우는지 창밖을 바라볼 때 더 많이 배우는지는 누구도 알 수 없다"는 '야누스 코르착'의 말이 떠올랐다.

몇 년 전, 학교 밖 청소년이 되겠다고 스스로 선택한 고1 딸을 데리고 자퇴서를 작성하러 마지막으로 학교에 갔던 날, 근심의 눈으로 우리 부녀를 바라보던 담임 선생님에게 했던 말이 기억난다. "선생님 걱정하지 마세요. 아이가 이제부터 경험할 넓은 세상이 '학교'이고 만나는 모든 이들이 '스승'이 될 것입니다." 막상 호기롭게 선택은 했으나 어떤 일들이 펼쳐질지 모르는 불안과 조급함은 그때의 나도 이안이 부모도 같았으리라 생각된다. 하지만, 부모의 걱정과는 달리 아이들은 '다르게 살아도 괜찮을' 용기를 품고 자신만의 삶의 속도로 건강하게 잘 성장하고 있다. 아이를 키우는 데 정답은 없다. 정답이 없다는 말은 다양한 길이 있다는 뜻이 기도 하다. 내가 가면 그 길이 답이 되는 것이다.

아이의 미래를 생각할 때 엄습하는 불안으로부터 자유 로워지고 싶은 부모들에게 부디 이 책이 '다른 문'을 열어 볼 수 있는 작은 용기가 되어주기를 희망한다.

꿈틀리인생학교 교장 김혜일

10여 년 전 한 강의 현장에서 어느 부부를 만났습니다. 초 등학생 자녀를 키우던 그 부부는 열심히 강의를 들었습니 다. 그리고 함께 강의에 참여했던 부부 몇 팀과 함께 당시 파주 논밭 한가운데 있던 저희 집을 방문했고, 자녀교육에 대한 이야기를 나누었습니다. 그 장면이 지금도 생생히 기 억나는 것을 보니 그날 우리의 대화는 진지하고도 도전적이 지 않았나 생각합니다. 이후 계속적으로 이 가족이 걸어가 는 길을 '와 이렇게도 할 수 있구나!' 하는 놀라움으로 옆에 서 바라볼 수 있었고, 초등학생이던 아이는 이제 고등학교 를 졸업할 나이가 되었습니다.

제게 누군가가 성공의 정의가 무엇이냐고 물어본다면 자

기만의 길을 고유함으로 가는 것이라고 답하겠습니다. 그런 맥락에서 이 가족은 자신들만의 고유함으로 많은 이들이 걷는 길과는 다른 길을 걸어간 멋진 성공스토리를 만들고 있습니다. 이 책이, 자녀교육의 장면에서 어떤 길을 선택해야 하나 고민하고 있는 분들께 '이런 길도 있구나!'를 보여주는 갈래길의 안내서가 충분히 되리라 생각합니다.

정은진 진로와소명연구소장

완벽한 부모는 세상에 없습니다. 지금은 비록 불완전하더라도 불완전한 그 자체로 충분합니다. 그리고 우리의 자녀들 역시 지금 이대로 충분합니다. 이금화 작가님이 이야기하신 것처럼, 자녀 양육에 너무 비장해질 필요는 없습니다. 큰 비장함이 오히려 자녀와 함께하는 여정에 장벽을 만들게 됩니다. 아이와 함께 이 세상을 살아가는 동안, 마치 여행을 떠나듯 여유를 가져봅시다. 책에서 이금화 작가님이 강조하셨듯이, '나중'은 없습니다. 우리의 자녀와 지금 이 순간 눈을 맞추고, 함께 웃어보세요. 무엇보다 소중한 이 일을 나중으로 미루다 보면, 그 나중은 또 다른 나중으로 밀려나게 됩니다.

우리 자녀가 부모에게 바라는 것, 그리고 우리가 자녀에게 남길 수 있는 단 한 가지 유산은 바로 지금 이 순간 '부모가 자녀를 바라보는 충만한 눈빛'과 '자녀를 향해 짓는 따뜻한 미소'입니다.

이금화 작가님은 제가 만난 분들 중 누구보다도 가족과의 시간에 대해 깊이 고민하고, 이를 실천해 온 분입니다. 가족에 대한 선생님의 열정과 헌신이 더 많은 사람들에게 알려지길 바랍니다. 나아가, '어떻게 하면 우리 가족이 함께 더 행복한 시간을 보낼 수 있을까?'라는 고민을 가진 부모들에게 이금화 작가님의 구체적인 노하우와 가족 프로그램들이 널리 전해지길 소망합니다.

정진(장신대 겸임교수, 국제코치연맹공인코치)

초등부터 현재까지 안이의 교육 과정

2014-2019년 초등학교

2020-2021년 홈스쿨링

   2021년 8월 중졸 검정고시

2022년 꿈틀리 인생학교(기숙)

2023-2024년 거꾸로캠퍼스 재학(통학)

   2024년 4월 고졸 검정고시 1차

   2024년 8월 고졸 검정고시 2차

나의 진솔한 세 이야기

"이것은 일종의 프롤로그인 셈이다"

외동이라서 홈스쿨링?

　"아이가 하나니까~"로 시작되는 말을 종종 듣는다.

　아이가 하나니까 그렇게 놀아줄 수 있지, 아이가 하나니까 그렇게 책 읽어줄 수 있지, 아이가 하나니까 그렇게 여행 갈 수 있지, 아이가 하나니까 홈스쿨링 할 수 있지 등등… 수긍이 되는 말이다. 외동이라서 가능한 것들이 많다. 반대로 다둥이라서 가능한 것들도 많다. 아이들끼리 서로 의지가 되는 모습을 볼 때, 아빠나 엄마에게 삐지고 같이 작당할 편이 있을 때, 인원수만큼 대화가 풍성해질 때, 서로 어렵게 조율해서 일치를 얻어내는 쾌감을 느낄 때 등등… 부러운 순간들도 적지 않다.

　아이가 초등학교를 졸업하고 공교육에서 홈스쿨링으로 옮겨올 당시, 여러 가지 상황을 고려했지만 외동이라는 것은 오히려 홈스쿨링이 꺼려지는 요인이었다. 홈스쿨링에 대한 자료를 찾아볼 무렵 우리나라에는 홈스쿨러가 많지 않았고, 드물게 보이던 홈스쿨러마저도 대부분 아이가 둘 이상이었다. 아이가 하나인 경우는 찾기 쉽지 않았다. 내가 보기에도 아이가 둘 이상인 홈스쿨링이 이상적으로 보였다. 아이가 둘 이상은 되어야 서로 간에 상호작용이 이루어지는 홈스쿨링이 가능할 것 같았다(그럼에도 불구하고 선택한 이유에 대해서는 이 책 구석구석에서 발견할 수 있을 것이다).

아이러니하게도 홈스쿨링을 시작할 무렵에는 "아이가 하나인데 홈스쿨링 괜찮겠어요?"라는 말을 듣다가, 지금에 와서는 "홈스쿨링하셨다고요? 아이가 하나니까 가능했겠죠"라는 말을 듣는다. 이런 말로 인해 홈스쿨링을 시작할 때 흔들림이 있었거나 홈스쿨링 후에 후회가 남은 건 아니지만, 어떤 기준으로 하는 말인지 궁금해지긴 한다.

다행히 아이는 열네 살에서 열다섯 살까지 2년간의 홈스쿨링 기간을 좋게 기억한다. 그때를 물으면 특별히 산책 시간을 빼놓지 않고 말한다. 매일은 아니었지만 하루에 두 시간 정도의 산책 시간은 아이에게 소중한 루틴이었다(가끔은 동행하기도 했다). 귀에 이어폰만 꽂으면 겨울 날씨도 별것 아니었다며, 그 무렵 산책 덕분에 자신에 대해 깊이 생각해 볼 수 있었다고 아이는 말한다.

방학이라 (거꾸로캠퍼스 재학 중) 아이와 느지막이 아침을 먹던 날, 아이에게 외동의 장단점을 물었다. 외동인 아이 본인의 입장을 들어보고 싶었다. 아이는 내 질문에 답하기 전에 먼저 이렇게 말했다.

"외동이 아닌 삶을 살아본 적이 없기 때문에 굉장히 주관적이라는 거, 알지?"

"오케이."

"장점은 나랑 같은 환경의 또래가 없다는 게 좋아."

"응? 무슨 말이야?"

"비교 대상이 집안에 없어서 좋다는 거지."

"아, 형제끼리 비교하는 게 없어서 좋다는 거로군. 또?"

"돈이 덜 들어서 부담이 적다는 거지. 내가 뭔가를 선택하는 데 있어서 엄마 아빠가 고려해야 할 것이 줄어든다는 점에서 마음이 편한 게 있긴 해. 그리고 설거짓거리가 그만큼 적다는 점도 좋고."

"풋핫, 요즘엔 설거지 자주 하지도 않으면서."

"그리고 집에서 시끄럽게 떠들 수 있다는 거. 여러 명이 있으면 엄마가 조용히 시킬 것 같아."

"그렇긴 하겠다. 여럿이 동시에 떠들면 정신없을 테니까."

"독방을 쓸 수 있어서 좋기도 해."

"단점은?"

"아무래도 나중에 아빠 엄마 노후에 대한 걱정은 있지."

"정말? 그런 생각을 하는 줄 몰랐네."

"그리고 이건 장점인 동시에 단점이긴 한데, 가족이라는 바운더리 안에 나보다 나이가 어리거나 비슷한 사람은 없고 나를 수용해 주는 어른만 있다는 건 장점인 것 같긴 해. 근데 언니나 오빠가 있으면 좋겠다는 생각을 한 적은 있어. 의지할 수 있을 것 같기도 하고, 친구도 되고."

아이는 가까이에 친한 언니가 있었으면 좋겠다는 말을 가끔 해왔다.

"언니나 오빠가 있으면 비슷한 나이인데 내가 경험해보지 못한 삶을 사는 사람이 바로 옆에 있는 거잖아. 구체적으로 옆에서 볼 수 있으니까 좋을 것 같긴 해. 영화나 책이랑은 아예 다를 거고. 그리고 소중한 사람이 더 생기겠지."

"오~"

"근데 외동이 아니었으면 홈스쿨링 안 했을 거야. 나한테는 사색이 중요했기 때문에 그게 안 되는 상황이었다면 안 했을 것 같아."

"사색이 그 정도로 중요한 줄 엄마는 몰랐네."

　　홈스쿨링 시작 무렵에는 산책하며 사색하는 시간이 이 정도의 비중을 차지할 줄은 아이 자신도 아마 몰랐을 것이다. 지금에 와서 되짚어보니 그 시간이 그만큼 중요하게 남아있는 것이겠지. 홈스쿨링을 시작하던 단계에서는 산책 시간과 같은 수확을 예상하지 못했던 것처럼, 우리가 인지하거나 인지하지 못하는 또다른 수확도 있을 것이다. 반대로 중학교에 진학하지 않은 자체로 놓친 것 또한 있을 것이다. 하지만 놓친 것에 대해서는 미련을 두지 않는 편이다. 아이도 남편도 나도 놓친 것보다는 우리가 누린 것과 앞으로 누릴 것에 대해 더욱 무게를 두려 한다.

외동이라서 홈스쿨링이 가능한 게 아니냐고 물어오면 이제는 제대로 답해줄 수 있다. 홈스쿨링을 선택함에 있어 아이가 몇 명인지는 특별한 요인이 아니라고 말이다. 가족 구성원들 모두 합의가 된다면 아이가 많으면 많은 대로, 적으면 적은 대로 가족의 상황에 맞게 조절하는 과정을 반드시 거쳐 선택하시라 말해줄 것이다(그 과정엔 꽤 긴 시간이 필요하다). 그보다 더 중요한 것은, 홈스쿨링의 주체가 될 아이의 방향과 속도에 대한 부모의 믿음과 의지라고. 아이가 스스로 자신의 하루를 꾸려보는 경험은 예상하지 못한 수확들을 남겨줄 것이라고 자신 있게 말할 수 있다.

이 책은 "홈스쿨링을 선택하세요"라고 말하는 글은 아니다. "아이를 키우는 데 이런 길을 선택한 경우도 있어요"라고 말하는 글이다. 다양한 선택이 있음을 알고만 있어도 이 사회에서 아이를 키우는 데 여유가 생기지 않을까 하

는 마음이다. 성공한 이야기를 기대하며 모두 비슷한 길을
가는 게 아니라 다른 길을 가도 괜찮다는 이야기, 한눈판 가
족의 이야기가 좀 더 다양했으면 하는 마음으로 우리의 이
야기를 내어놓는다.

두번째 이야기
아이를 키우는 데 필요한 한 가지

"아이를 키우는 데 한 마을이 필요하다."
"아이 한 명을 키우는 데 3-4억이 든다."

아이를 키우는 데 필요한 것을 언급할 때 흔히 듣는 말이다. 하지만 현실에서는 한 마을도, 3-4억도, 누리기 힘든 조건이다. 그렇다면 내 의지로 어찌해 볼 수 있는 조건은 무엇이 있을까?

아이를 키우는 데 꼭 필요한 한 가지가 무엇인지 질문받는다면, 아이를 키운 17년을 뒤돌아보았을 때 필요했던 것은 "줏대"였다고 답할 것 같다. 다르게 말해 '팔랑귀 닫기' 쯤으로 대신할 수 있을 것 같다. 필요한 조언이나 정보에까지 귀를 닫고 독단적으로 아이를 키우라는 말은 아니다(아, 그 중도를 지키는 것은 얼마나 어려운 일인가). 다만 아이가 세상에 대한 호기심을 보이기 시작하고, 부모가 무언가를 가르치고 싶은 마음이 들기 시작한다면, 그것을 신호로 가족의 상황과 색깔에 맞는 줏대를 만들기 시작하는 것이 좋다. 내 자식만을 최고로 키우기 위해 경쟁하는 사회 분위기에 속해서 다르게 살아남기 위해서 말이다.

　　줏대도 팔랑귀도, 아무런 준비가 없었던 신혼 시절을 강남 한가운데 있는 원룸 같은 투룸에서 시작했다. 당시 나는 프리랜서였기 때문에 남편 직장과의 거리를 고려해 집을 구했다. 아이가 태어나기 전에는 우리가 사는 곳이 강남인지 강북인지 크게 와닿지 않았다. 그러다 아이가 태어나고 한 살 두 살 자라면서 우리가 사는 곳이 어디인지 피부로 느끼게 되었다. 집 근처뿐 아니라 집을 조금 벗어나도 영어 유치원이 아닌 평범한 유치원은 찾기 어려웠다. 영어 유치원에 보내는 것이 당연한 지역에서 아이를 키우다가 아이가 네 살이 되었을 무렵 강을 넘어 이사를 하게 되었다. 하지만 강남 한가운데서 지낸 4년간 조기 영어 학습에 대한 조바심이 내 머릿속에 이미 주입되어 있었다. 그 여파로 영어 전집을 사들이고, 영어로 놀아주는 방문 학습을 시키기 시작했다. 지금은 아이가 어릴 때 장만했던 그 어마무시한 금액의 영어 전집이 육아 필수템이 아니고, 네 살 아이에게 영어 선생님이 필수가 아닌 선택임을 알지만 그때는 미처 알지 못했다. 10여 개월 동안 아이는 일주일에 한 번씩 영어 선생님을 만났고, 그러는 사이 내가 읽은 육아서는 쌓여갔다. 그러다 아이의 영어 선생님 교체 시기와 맞물려 남편과 나의 교육에 대한 줏대도 싹을 틔웠고, 더 이상 그 수업을 하지 않기로 결정했다.

수많은 육아서의 가르침과 팔랑귀로 인한 시행착오가 뒤섞이는 시간을 지나 결국 내 아이에게 맞는 우리만의 줏대가 모양을 갖추기 시작했다. 팔랑귀를 고정시키는 것이 가능한 일인가 싶었지만 오랜 시간에 걸쳐서 공들인 탑은 결국 세워졌다. 여전히 보수 공사가 필요하지만 뼈대만큼은 단단하게 세우게 되었다.

팔랑귀가 커지게 만드는 요인은 주변에 널려있다. 비슷한 또래를 키우는 주변 부모들과 사교육 시장에는 물론이고, 드라마나 예능 프로그램 안에도 심지어 육아서 안에도 있다. 팔랑거리는 귀가 무조건 나쁜 것은 아니다. 팔랑거리는 중에도 우리 가족에게 맞는 요소를 뽑아낼 수 있다. 그러다 점점 팔랑귀의 날개짓이 내 의지대로 움직이는 순간들이 쌓이면서 싹을 틔운 줏대에 힘이 생기는 것이 느껴진다.

사교육 시장에서는 "너무 늦었어요, 어머님", "다른 아이들은 이미 다 하고 있어요"라는 말로 불안을 자극한다. 그리고 나서 지금이라도 그곳에 왔음이 다행인 듯이 말한다. 이런 말을 들으면 부모 입장에서 얼마나 아이에게 미안한 마음이 들까(사교육 시장의 모든 곳이 그렇다는 것이 아니라 이런 수법을 활용하는 일부 장사치들에 해당하는 말이다). 이럴 때 그간 만들어둔 줏대를 꺼낼 수 있다면 현명한 선택을 할 수 있을 것이다.

아이를 키우면서 매 선택의 순간에 줏대가 필요하다. 아이가 외동이면 현실적으로 자녀가 두세 명일 때보다 조금은 더 풍족한 선택을 할 수 있다. 똑같이 두세 개를 사야 하는 것을 하나만 사도 되는 상황이니 비교적 여유가 있다. 사교육에 있어서도 한 군데라도 더 보낼 수 있다. 하지만 그렇기 때문에 한 번 더 생각해야 하는 것이 외동 부모의 숙제다. 나의 작은 노하우가 있다면, 내 아이를 생각할 때 내 아이와 더불어 살아가는 아이들을 함께 생각하는 것이다. 조금 넓게 생각하는 것이 내 아이만을 앞서게 만들고 싶은 욕심에서 한 발 떨어져 생각하게 한다. 그리고 다른 선택을 하게 한다. 내 아이의 친구에서부터, 옆 동네 아이, 다른 지역의 아이, 멀리 바다 건너 나라의 아이에게까지 귀 대신 마음을 팔랑거리며 선택하는 줏대가 필요하다.

홈스쿨 밖에서 홈스쿨 보기

6년간의 초등학교 공교육, 2년간의 홈스쿨링, 1년간 기숙 형태인 꿈틀리 인생학교(이하 꿈틀리) 그리고 현재 거꾸로캠퍼스(이하 거캠) 2년차. 다양한 교육 과정을 거쳐 아이는 열아홉 살을 코앞에 두고 있다. 아이가 홈스쿨링을 마무리하고 기숙학교에 입학해서 곁에 없는 1년 동안도 우리 부부는 여전히 홈스쿨링 중인 듯 느꼈다. 그 당시에는 아이를 2주에 한 번 만나는 상황임에도 그렇게 느껴지는 이유를 몰랐지만, 이제는 그 이유를 설명할 수 있을 것 같다.

꿈틀리 졸업을 앞두고 아이는 고민이 깊었다. 일반 고등학교 진학과 대안학교 몇 군데를 놓고 고민하기도 했고, 다시 홈스쿨링을 생각하기도 했다. 가을이 시작될 무렵까지만 해도 아이는 다시 홈스쿨로 돌아오는 것으로 마음이 기울고 있었다. 그러다 가을이 깊어지고 기온이 차가워지면서 성큼 내년이 다가옴을 느꼈는지 아이는 자신의 진로를 현실로 훅 당겨와 고민하기 시작했다. 꿈틀리 친구들과 함께 서로의 진로에 대한 이야기를 나누기도 하고, 꿈틀리를 졸업한 선배들이 학교를 방문한 기회에 고민을 나누기도 하고, 1년간 아이들과 밀착해서 시간을 보낸 (어쩌면 부모보다 아이를 객관적으로 더 잘 알 수도 있는) 선생님과 의논하기도 했다. 그리고는 일반 고등학교에 가는 것으로 기우는 듯하더니, 결국 거캠으로 마음을 정하고 더 이상 고민하지 않았다.

처음 홈스쿨링을 하기로 결정하던 때가 생각났다. 그때는 아이가 어렸고, 홈스쿨링이라는 것이 가족과 별개로 아이 혼자 하는 것이 아니어서 온 가족이 다 함께 숙고했다. 우선은 공교육 이외에 선택할 수 있는 길이 더 있다는 것을 아이가 아는 것 자체만으로도 좋겠다고 생각했다. 각양각색의 사람들이 정해진 하나의 길로 걸어가야 한다면, 그 길의 상황과 각자의 상황을 고려해볼 여지가 없다는 사실이 답답하게 느껴졌다. 다른 갈래 길이 있다는 것을 안다면 그 자체로 아이의 마음에 여백을 줄 수 있을 것 같았다. 그 생각이 시발점이 되어 결국 아이는 공교육에서 홈스쿨링, 대안학교까지 다양한 형태의 교육 과정을 경험하게 되었다. 갈래 길이 주는 여백의 힘을 가족 모두 느낄 수 있었다. 그러면서 이 나라의 아이들이 다른 길이 있다는 것을 알았으면 좋겠다는 간절한 바람이 생겼다. 공교육이 아니어도 다른 길로 가도 괜찮다는 것, 그것을 알기만 해도 좀 더 편히 숨쉴 수 있을 거라고 말해주고 싶어졌다.

아이가 거캠으로 마음을 정하기 전까지는 내심 다시 홈스쿨링을 선택하기를 바랐다. 코로나로 인해 거의 집에서만 이루어진 홈스쿨링의 한을 풀듯, 비대면이 아닌 대면으로 세상에 펼쳐진 배움을 맘껏 누렸으면 하는 게 이유였다. 하지만 아이가 선택한 학교에 만족하는 모습을 보면서 나의 개인적인 미련은 접었다. 이제 정말 홈스쿨링을 마무리해야 할 때라는 생각이 들면서 홈스쿨링의 의미에 대해서 생각해 볼 기회가 되었다.

먼저 "홈스쿨"이라는 단어 자체를 생각했다. 집이나 가정을 뜻하는 home과 학교, 교육하다, 가르치다를 뜻하는 school 두 단어로 이루어져 있다. 흔히 홈스쿨은 "학교에 가지 않고" 집에서 이루어지는 교육을 말하는데, 두 단어를 놓고 생각해 보면 아이가 어떤 교육 기관에 다니든 상관없이, 집에서 이루어지는 교육이라 할 수 있다. 홈스쿨과 비슷한 뉘앙스의 한국어 한 단어를 생각해보니 '가정교육'이라는 단어가 가장 적절할 것 같다. 가정교육의 기본은 부모가 가진 가치관이나 사회를 대하는 태도쯤이 될 것이다. 그 가치관은 부모와 아이가 함께 머무는 집 안에 흐르는 공기처럼 아이에게 흘러간다. 은연 중에 하는 말과 마주하는 표정을 통해서도 흘러갈 것이다. 아이들은 종일 사회로부터 성적, 외모, 가정 형편 등 기준이 되어서는 안되는 것들로 평가를 받는 환경에 노출되어 있다. 부모의 눈에 보이지 않는 금색 별표 혹은 흑색 별표가 덕지덕지 붙여진다. 평가로 인한 스트레스로 무겁게 귀가한 아이에게 부모는 무엇을 해주면 좋을까. 아이들은 적어도 집에서만큼은 어떠한 평가도 없이 가볍게 둥실 떠오를 수 있기를 바라지 않을까. 평가 없이 존재 자체로 귀하게 인정받는 것이 모든 가정교육의 필수 가치가 되기를 바란다.

아이가 기숙학교에 있었던 1년 동안도 홈스쿨링을 하던 때만큼 마음을 굳게 먹었던 것 같다. 간섭하지 않기, 평가하지 않기. 기숙 생활 동안 간간이 안부를 물으면서도, 의무 외박 주말에 만나면서도 아이에게 주어진 특별한 1년을 맘껏 누리도록 돕고 싶었다. 아마도 그렇게 마음 먹었던 것이 홈스쿨링을 하던 때와 같은 느낌을 준 것 같다.

꿈틀리로 결정하면서도 거캠으로 결정하면서도 먼 미래를 고민하기보다, 앞에 놓인 1년씩 진로를 결정하자 했었다. 거캠 다음의 스탭은 또 어떻게 그려질지, 그저 기대와 응원의 마음으로 곁에서 지켜볼 뿐이다. 그 결정을 간섭하거나 평가하지 않기 위해 노력하면서.

열여덟 살이 된 안이의 후기

안: 맞아, 그때 이후로 더 이상 고민하지 않았지. 고민하는 게 엄청 빡세다는 걸 알았거든.

화(엄마): 꿈틀리에서 진로 고민한 거?

안: 응.

화: 근데, 엄마 책에 쓰려고 하는데 빡세다는 말 말고 좀 순화된 말은 없을까?

안: 왜 딱 내 나이답지 않아?(웃음) 에너지가 엄청 많이 든다. 그 정도?

화: 응, 적당해.

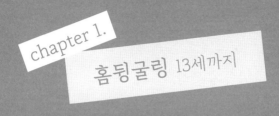

chapter 1.

홈뒹굴링 13세까지

"아이와 함께 즐거운 시간을 보내다"

#1
"외동은 자기밖에 몰라."

외동아이를 둔 부모라면 어렵지 않게 듣는 말이다.

외동은 자기중심적이고, 버릇없고, 양보할 줄 모르고, 욕심이 많고… 한마디로 사회성이 떨어진다는 편견이 많다. 심하게는 아이를 하나만 낳은 부모에게 이기적이라는 말을 던지기도 한다. 솔직히 인정할 수밖에 없는 편견도 있지만, 외동아이를 둔 부모의 입장에서 걸러지지 않은 편견이 날아오면 덜커덕 목에 걸려 넘기지 못하는 경우가 많다. 그리고는 억울함과 더불어 의문이 생긴다. 자기밖에 모르는 이기적인 아이의 비율에 정말 외동이 많은 걸까. 어린 아이들이 다니는 단체 활동 기관에서 아이들의 이기적인 행동은 대부분의 아이에게서 볼 수 있다. 아이들이라 함은 '자신으로부터 시작해 타인을 배워가는 중에 있는 존재'다.

인정할 수밖에 없는 부분도 물론 있다. 내 아이만큼

은 외동이라는 조건 뒤에 따라붙는 편견이 없도록 신경 써서 조심한다 하더라도 복병은 가까이에 있다. 충분히 짐작 가능한, 할머니 할아버지가 대표적이다(그분들의 사랑을 폄하하는 것은 아니다. 할머니 할아버지의 사랑은 든든한 버팀목이 되어주기도 한다). 하나뿐인 손주가 닳을까 아깝고 소중해서, 온 우주의 중심이 당신의 눈앞에 있는 듯 아이를 대하신다. 아이가 어릴 때는 특히 더 그랬다. 밥을 먹을 때면 손주가 한 번이라도 젓가락질한 반찬은 모조리 아이 앞으로 옮겨 주셨다. 그래서 식사가 끝날 무렵이면 대부분의 반찬이 아이 앞에 복잡하게 모여있기도 했다. 그런 경험이 쌓이다 보니 아이가 어릴 때는 그게 당연한 것인 줄 알고, 다른 식사 자리에서도 자기가 좋아하는 반찬을 자기 앞으로 아무렇지 않게 옮기기도 했다. 깜짝 놀랐지만 아이가 특별히 나쁜 의도로 한 행동이 아니었기에 타이밍을 놓치지 않고 잘 가르쳐야 했다.

"안아, 아빠, 엄마, 할머니, 할아버지께는 안이가 최고야. 근데 다른 아이들도 그 아이의 엄마, 아빠, 할머니, 할아버지께는 최고야. 알지?" 타인을 배워가는 아이에게 잊을 만하면 한 번씩 해주었던 말이다.

많은 시간을 보내는 가정에서 비슷한 또래의 형제자매가 없다 보니, 타인을 배려하는 것을 배울 수 있는 상황의 빈도수는 확실히 적다. 따라서 가르칠 게 더 많을 수밖에 없었다. 한 번은 아이가 초등학생이었을 무렵 지인 가족과 함께 밥을 먹는데 본인의 그릇이 비었다고 먼저 일어나 버리는 모습에 민망했던 경험이 있다. '아, 학교에선 식판을 비우면 각자 일어나 교실로 가고, 집에선 본인보다 늦게 먹는 어린 동생이 없으니 기다려야 하는 걸 생각해 본 적이 없겠구나. 아빠 엄마가 자기보다 먼저 먹고 늘 기다리는 것을 인식하지 못했구나.' 어떤 환경에서는 자연스럽게 배울 수 있는 것도 콕 짚어서 일러줘야 하는 부분이 아직도 많이 남았음을 알게 된 날이었다. 좀 예민하다 할 만큼 신경 써서 키우다 보니, 아이가 크면서는 이런 말을 많이 들었다. "아이가 외동 같지 않아요." 한편으론 다행이라 여기지만 이 말 자체에 담긴 편견이 읽혀 씁쓸했다.

다섯째 중 막내로 자란 나 또한 어릴 때 막내에 대한 편견을 많이도 듣고 자랐다. 막내들은 자기중심적이고, 버릇없고, 양보할 줄 모르고, 욕심이 많고⋯ 그 편견 또한 외동에 대한 편견과 크게 다르지 않았다. 그리고 보면 사람들은 편견 만들기를 즐기는 것은 아닌가 싶어진다. 나 또한 편견을 만들고 쉽게 말하고 있지는 않은지 되돌아보게 된다. 나도 모르는 사이 "요즘 애들은 말야", "요즘 ㅇㅇㅇ은 말야" 하고 있지는 않은지.

엎치락뒤치락 외동아이를 키운 이야기를 쓰지만 어

떤 이야기는 외동에 국한되지 않을 수도 있겠다. 다만 둘 이상을 키워본 경험이 없는지라 외동에게도 다둥에게도 도움이 되는 육아 안내서라든지, 육아 꿀팁이라는 대단한 말을 붙이진 못한다(마찬가지로 둘 이상을 키우신 분은 하나를 키우는 입장을 알 수 없는 것처럼). 우리 부부가 아이와 집에서 뒹굴며 놀았던 이야기(홈뒹굴링)가 동떨어진 이야기로 느끼는 분이 있을까 해서 미리 '외동을 키운 이야기임'을 밝힌다.

아이와 장난감 없이 놀았던 (놀아"주는"이 아닌) 이야기, 초등학교를 졸업하고 2년간 홈스쿨링을 했던 이야기, 열여덟 살이 된 아이와 우리 부부가 책을 읽는 장면이 아직도 사진첩에 흔히 등장할 수 있게 된 이야기 등 다양한 이야기를 하려 한다. 이런 내용을 쓸 작정임에도 외동에 대한 편견에 대해 이렇게 쓰게 된 이유가 있다. 아이를 키우는 동안 사회 속에는 수많은 편견이 존재한다는 것을 알게 되었고, 그 의미 없는 편견들이 휘발되길 바라는 마음이 커져 있었다. 어떤 가정에 아이가 하나든, 둘이든, 다섯이든 그들만의 이유와 이야기가 있을 것이다. 가정의 형태가 어떠하든 편견 없이 존중받는 세상에서 아이들이 자랄 수 있기를 바라는 마음을 덧붙이고 싶어서다.

#2

손님에게 보다 내 아이에게 보내는 미소를
더욱 연습하기

아이에게 정도 이상으로 크게 소리를 질러 등교시키고 돌아서서 후회한 날이었다. 거울을 보고 웃는 연습을 시작했다.

'등교하기 전에는 화내지 말자. 기분 좋은 상태로 등교시키자.' 아이가 초등학교에 다니기 시작하면서 매일 아침 이 다짐을 해야 했다. 성격 급한 엄마에게 느긋한 아이의 등교 전 아침 시간은 매일이 인내력 시험 시간이었다. 등교 시간보다 훨씬 일찍 잠에서 깨는 날도 아이는 방에서 화장실까지의 첫 이동에서부터 연착이었다. 어제 자기 전에 읽다 만 책이 있으면 더욱 그랬고, 다 읽었다손 치더라도 새로 읽고 싶은 책이 눈에 띄면 그 자리에 앉아 읽기 시작했다. 이것이 홈스쿨링을 고민하게 된 여러 이유 중 하나다. 막상 홈스쿨링을 시작하고 나서는 책에 대한 열정이 조금 식긴 했지만 말이다.

　　이 날도 아이는 언제나처럼 느릿느릿 일어나 느릿느릿 세수를 하고 느릿느릿 밥을 먹고 느릿느릿 옷을 입었다. 그 사이 내 마음도 언제나처럼 화가 불쑥불쑥 올라왔다 내려가고 올라왔다 내려가고를 반복했다. 그러다 그날은 결국 참지 못하고 소리를 고래고래 질렀고, 아이는 갑작스러운 엄마의 감정 변화에 많이 놀라 울음을 터뜨렸다. 준비하는 과정을 차라리 보지 말았어야 했는데, 답답한 마음에 등교 준비가 얼마만큼 되어가는지 체크하며 왔다 갔다 하는 동안 눌렀던 감정이 터져 처음부터 소리가 컸던 것이다(엄마는 참고 또 참았다가 내지른 화였지만, 아이는 엄마의 길었던 속사정을 알 도리가 없다). 그날 아이는 눈물이 그렁그렁한 채 문을 나섰다. 등짝을 다 덮고도 남는 책가방이 그날따라 어찌나 커 보이던지.

　　그렇게 보내고 마음이 무거웠다. 조금만 더 참을걸, 아니 차라리 참지 말고 재촉을 할 걸, 지각하게 놔둘 걸… 지금이라면 그럴 수 있을 텐데 그땐 나도 서툰 초보 학부모였다. 여러 가지 후회로 자책하다 보니 시간은 왜 그리 빨리 흘렀는지 아이가 하교할 시간이 성큼 다가와 있었다.

　　미안한 마음에 마중 나가볼까 하고 신발을 신는데,

신발장 거울에 굳은 내 얼굴이 보였다. 이대로 아이를 마주하고 싶지 않아서 입꼬리를 올려보았는데 웃는 건지 우는 건지 알 수 없는 표정이었다. 얼굴이 굳은 채로 시간이 꽤 지난 탓인지 표정이 딱딱하기만 했다. 얼마 남지 않은 시간에 급히 "아-에-이-오-우" 소리도 내어가며 볼 근육을 움직이다 보니 다행히 눈가 근육까지 움직이는 것이 수월해졌다. 입가부터 눈가까지 얼굴 근육이 어느 정도 풀린 때쯤 신기하게도 구겨진 마음까지 펴지는 느낌이 들었다. 지금 생각해도 신기한 경험이었다. <웃으면 복이 온다>라는 오래된 코미디 프로그램의 제목이 어느 정도 과학적인 근거가 있는 것인가 싶기도 했다.

하굣길 중간에서 아이를 만났다. 아이는 학교에서의 시간 동안 아침의 일은 까맣게 잊은 것처럼 반갑게 달려왔다(적어도 내 눈엔 그렇게 보였다. 아침의 일을 넘길만해서 넘긴 것이었는지, 엄마를 만나기 전에 아이도 근육을 움직이며 연습했는지는 모를 일이지만). 거울을 보며 연습한 덕분에 웃는 얼굴로 아이를 대할 수 있었고, 아침에 소리 지른 것에 대한 사과도 어렵지 않게 할 수 있었다.

그날 이후로 한동안 신발장에 붙은 그 거울은 하교 시간 나의 미소 연습 거울이 되었다. 딱히 좋거나 나쁜 일이 없는 날도 가끔 거울을 보며 내 표정을 체크한 후 현관을 열고 나서기도 했다. 연습의 힘이 놀라운 건, 연습한 만큼 느는 건 노래나 숫 실력만이 아니라 웃음까지도 는다는 것이었다. 진짜 웃음이든 가짜 웃음이든 시작이 어떠했든지 아이와 마주보고 웃는 시간이 훨씬 많아졌다는 것을 나 스스로 느낄 수 있었다.

집에 오는 손님에게 보다, 밖에서 만나는 누군가에게 보다, 내 아이에게 더욱 미소를 장착하자. 부모를 통해 세상을 배워가는 유·아동기의 아이에게도, 세상을 알아가며 뒤죽박죽 고민이 얽히는 청소년기의 아이에게도, 미소를 연습하고 장착하자.

지금, 아이가 나(엄마, 아빠)를 떠올린다면 "어떤 표정의 나"를 떠올릴까?

열여덟 살이 된 안이의 후기

안: 내가 그 정도로 느리진 않았던 것 같은데.

화: 너 그 정도로 느렸거든.

안: 아무튼 그래서 엄마가 저기(신발장 거울 앞) 서서
    아―에―이―오―우를 했단 말이야? 난 완전 몰랐지.

화: 넌 당연히 모르는 얘기지.

#3
아이에게 하지 않는 말

일상 중에도 사소한 의지를 가지고 사는 편이다. 가족에게 사랑 표현을 하는 것이라든지, 물을 사용할 때 환경을 생각하는 것이라든지, 기업 가치 때문에 가지 않기로 한 매장이 있다든지, 엘리베이터에서 아이들과 눈을 마주칠 때 미소 짓기라든지… 누구에게라도 도움이 되고픈 사소한 의지다. 의지를 발휘하는 것이 몸은 피곤한 일이기도 하지만 오히려 마음은 편하다.

아이에게 하는 말 중에도 사소한 의지를 가진 것이 있다. 아이가 말을 잘 알아듣지 못할 때부터 하지 않았던 말이다. "오늘 말고 다음에 해줄게(또는 사줄게)", "있다가, 조금 있다가", "다음에, 다음번에" 등등. 아이가 떼를 쓰는 상황에서 벗어나기 위해 하는 의미 없는 약속의 말들이다. 정확히 기억나진 않지만, 아이가 태어나기 전 마트에서 한 엄마가 떼쓰는 아이에게 "다음에, 다음에"라는 말을 하는 것을 본 후부터였던 것 같다. 길 가다 우연히 지인을 만나도 "다음에 밥 한 번 먹자"라는 빈말을 하지 못하는 성격이라 그 엄마의 말을 예민하게 들었을지도 모르겠다. 저 아이는 엄마가 말한 "다음"을 기다리지 않을까, 엄마는 자신이 말한 "다음"을 기억할 수 있을까 이런 생각들을 했던 것 같다.

품 안에서만 꼬물거리던 아이가 자라 의사 표현을 하게 되면서 내게도 동일한 상황이 왔다. 마트나 서점에 가면 아이가 여기저기에 손을 뻗었지만, 가만 보니 간절히 원하는 게 아닌 경우가 많았다. 알록달록한 장난감이 눈에 보이니 즉흥적으로 호기심이 생겼을 뿐이었다. 견물생심이라고 어른들도 계획하지 않았던 물건들을 사게 되는 것을, 아이들은 왜 안 그러겠는가. 그때는 온라인 구매가 지금처럼 활성화되지 않았던 시기라 주말에 마트에 가는 일이 잦았다. 최대한 장난감이 있는 코너 근처로 가지 않았지만 가야 할 때면 단호하게 대했다. 되는 것은 처음부터 되는 것이고, 안 되는 것은 아이가 아무리 울어도 (아니 울어재꼈다는 표현이 적절하겠다.) 여전히 안 되는 것이었다. 아이의 울음소리가 커지면 부모 중 한 명이 아이를 데리고 밖으로 이동하고 나머지 한 명이 간단히 장을 보고 나왔다. 반대로 장난감을 사주기로 한 날에는 마트에 들어가기 전에 "오늘은 너에게 ㅇㅇㅇ을 사줄 거야. 하지만 다른 것도 또 사달라고 하면 그건 안 돼" 단호하고 정확하게 전달했다.

당일에 해주지 못하지만 언젠가 해주기로 마음먹은 것에 대해서는 "다음에 해줄게(사줄게)"라고 말하기보다는 조금 더 구체적으로 말해주었다. 기다림이 얼마나 힘든 것인 줄 아니까. "다음 토요일에 다시 왔을 때는 꼭 사줄게"라든지 "세 밤 자면 택배 아저씨가 가져다주실 거야"처럼 구체적으로 말하고 최대한 이 약속을 지켰다. 아이와의 약속을 다른 성인과의 약속만큼 중요하게 여기려고 노력했다. 반복적으로 양육자의 확고함을 보이면 아이도 인식을 하게 된다. '엄마(아빠)가 안된다고 한 건 아무리 울어도 안 되는 거구나', '엄마(아빠)는 약속한 건 꼭 지키는구나' 하는 생각을 갖게 되는 것이다. 그리고 이 반복은 아이를 점점 떼쓰지 않는 아이로 만들어주었다.

쉽지 않았지만 "다음에"를 쉽게 내뱉지 않은 나를, 아이가 청소년이 된 지금 스스로 칭찬하기도 한다. 이런 사소한 것들에서 아이와 부모 사이에 신뢰가 쌓이기 시작했다고 생각하기 때문이다. 아이가 떼쓰지 않게 하기 위한 방법이었지만, 점점 아이를 대하는 태도가 되었다. 어린아이라고 해서 쉽게 말하지 않게 되었고 아이에 대한 존중으로 이어진 것 같다.

'이 조그만 아이가 뭘 알겠어' 하는 생각은 금물이다. 내 생각보다 아이가 조금 더 성숙해 있다고 생각하자. 아동기라면 청소년기로, 청소년기라면 성인으로 생각하고 대하면 아이를 존중하는 데 도움이 된다. 아이에게 사랑을 주는 것도 더없이 중요하지만, 신뢰를 만들어가는 것은 관계의 바닥을 견고히 다지는 일이다. 사회에서 타인을 대할 때 한 템포 쉬어가며 말하는 것이 도움이 되듯, 아이에게 말할 때도 한 템포 쉬어가보자.

"다음에"처럼 의미 없는 말이 불쑥 나오지 않도록 말이다.

#4

책을 좋아하는 아이 1

어릴 때부터 열여덟 살이 된 지금도 아이가 책을 좋아할 수 있는 단 하나의 조건을 묻는다면, 당연한 말이겠지만 넉넉한 시간이라고 말할 수 있다.

현실적으로 외동은 책을 좋아하기 유리한 조건이다. 그 유리한 조건이라는 것이 좋은 것인지는 잘 모르겠다. 혼자 노는 시간이 많다는 의미이기 때문이다. 전업맘이라 하더라도 아이를 키우면서 24시간, 1,440분을 아이 옆에 꼼짝없이 붙어 있을 순 없다. 아이가 잘 놀고 있는 틈을 타서 짬짬이 자신의 일을 해야 한다. 그러다가 문득 돌아보았을 때 혼자서도 잘 놀고 있는 아이의 모습을 보면 다행스러움과 동시에 안쓰러움이 느껴진다. 하지만 아이가 혼자 노는 모습이 안쓰럽다는 이유로 둘째를 가질 수도 없는 일이다(주변에서 이런 이유로 둘째를 가져야 하나 하는 고민을 들을 때면 있지도 않은 둘째에게 괜스레 미안해진다). 아무래도 혼자 노는 시간이 많은 외동은 혼자 하기 수월한 놀이인 책 "보기"(글자를 읽을 줄 알게 된 이후에는 책 "읽기")를 즐기게 될 확률이 높다. 자연스럽게 책에 노출이 되는 환경이라면 말이다.

우리 부부가 해왔던, 아이에게 책을 노출하는 팁을 모두 나열하려고 한다. 아이가 아주 어릴 때 했던 것, 그리고 현재에도 하고 있는 것이다. 외동이라는 공통점이 있거나 다둥이라는 차이점이 있다고 하더라도 각 가족마다의 상황이 있기에 모든 팁이 다 통하리라고 생각하지도 않고 그럴 수도 없다는 걸 안다. 다만 이 팁들 중에서 단 하나라도 도움이 되는 것이 있다면 좋겠다.

첫째로, 책 정리는 하루에 한두 번만.
무언가를 짚고 서 있을 수 있게 된 시기에 아이가 하루에도 몇 번씩 하던 놀이가 있다. 아이 책을 꽂아두기 위해 거실에 마련해 둔 키 낮은 책장을 짚고 서서 책을 몽땅 빼내는 것이었다. 뭐가 그리 재미있는지 소리내어 웃으면서 몇 번이고 반복하는 날도 있었다. 더 이상 뺄 책이 없을 때 더 빼라고 다시 책장에 꽂아 준 적은 있지만 그것은 정리가 아닌 놀이를 위한 것이었다.
영유아 시기의 아이들에게 책은 펼쳐 읽는 대상이라기보다 그저 놀잇감 중 하나다. 그렇다 보니 소중히 다뤄야 하는 고가의 책보다 아이가 물고 빨아도 되는 재질의 책을 선택하는 것이 좋다(아이의 첫 책에 너무 큰 의미를 두고 무리해서 고가의 전집을 들여놓고 크게 후회했던 미숙한 경험이 있다). 물고 빨다가 자기도 모르게 책장을 넘기거나, 떨어지며 펼쳐지는 책을 가만히 들여다보는 날이 온다. 이런 시기에 양육자의 역할은 책이 어지러져 있어도 참는 것이다. 정리는 아이가 오전에 한참 놀고 낮잠에 들었을 때(이때도 가능하다면 정리를 생략하고 아이와 같이 낮잠 자기를 추천한다. 정돈된 집보다 중요한 것은 양육자의 체력이다.)와 밤에 잠자리에 들고난 이후에 하자. 우리가 스마트폰을 손에 집히는 곳에 두고 늘 들여다보듯 아이도 쉽게 손에 집히는 곳에 있는 것을 자연스럽게 들여다보게 된다.

둘째로, 언제 어디서든 책을 가까이.

　　아이가 어릴 때부터 지금까지 우리 가족의 외출 습관이 있다. "나가기 전에 화장실 가렴." 이 말처럼 빼먹지 않고 하는 말이 "책 챙기자"다. 아이가 자란 지금은 각자 한 권씩이지만, 어릴 때는 가늠이 안 되어서 아이가 대여섯 권 이상의 책을 챙길 때도 있었다. 대중교통으로 이동하는 상황이라면 두어 권으로 줄여야 했지만, 자가용으로 이동하는 상황이라면 가능한 다 챙길 수 있도록 했다. 에코백 하나를 책 가방이라는 이름을 붙여 따로 하나 들고 다니는데 여행을 갈 때도 책 가방에 각자 읽을 책을 꼭 챙긴다.

하지만 읽지 않아도 강권하지는 않는다. 음악 듣기를 워낙 좋아해서 책은 한 페이지도 펴보지 않은 상태 그대로 외출에서 돌아올 때도 있다. 하지만 너무 오래 의미 없는 영상들을 넘겨 보고 있으면 "오늘 무슨 책 가지고 나왔어?" 하고 에둘러 말하기도 한다. 이 말을 하는 엄마의 속내를 아이는 쉽게 눈치채겠지만, 본인이 느끼는 것보다 영상을 보고 있는 시간이 많이 지났음을 알려줘야 할 때도 있다.

최근 들어서는 가족 모두가 e-book 리더기를 하나씩 갖게 되었다. 남편이 먼저 사용해 보니 가볍게 휴대하기 좋아서 마련하게 되었다. 여행을 갈 때나 여러 권의 책을 챙기고 싶을 때 유용하다. 특히 누워서 책을 보고 싶을 때 핸드폰 스트랩을 장착해서 사용하면 이보다 좋을 수 없다.

셋째로, 잠들기 전 아빠와의 책 읽기 시간.

자기 전에 책 읽어주는 시간을 꽤 오래 규칙적으로 지켰다. 아이가 어릴 때는 엄마가 읽어주다가 여섯 살 무렵부터는 아빠로 담당을 바꾸었고 열다섯 살까지 이어졌다. 아빠는 책 읽어주는 시간을 지키기 위해 최대한 그 시간에 맞춰 귀가하는 정성을 보였다. 아이도 당연히 그것을 알고 지금도 아빠의 정성을 특별히 고마워한다. 10여 년을 이어온 그 시간은 아이가 꿈틀리에 들어가면서 멈추게 되었다.

아이에게 규칙적으로 책 읽어주기를 시작했다면 아이가 청소년이 되어도 이어가기를 추천한다. 단, 아이가 거부하지 않는다면 말이다. 이 시간이 아빠와 아이와의 관계 형성에 아주 중요한 역할을 해주었다. 처음엔 나의 육아 퇴근을 위한 바통터치였고, 단순하게 아이를 재우기 위한 목적이었다. 어색하기만 했던 아빠의 책 읽는 말투가 조금씩 자연스러워지는만큼 아빠에게도 아이에게도 하루 일과 중 점점더 소중한 시간으로 자리잡아갔다. 책의 내용 중에 연관되어 생각난 것이 수다로 이어져 몇 줄 읽지 못하는 날도 있었고, 흥미진진한 책 내용에 흠뻑 빠져 예정된 시간을 넘겨 읽는 날도 있었다. 이 시간에 읽는 책 이야기가 낮 시간의 대화로까지 이어지기도 했다. 덕분에 아이가 사춘기라 불리는 십대가 되어도 아빠와 대화를 이어가는 데 큰 도움이 되었다(이 시간에 대한 자세한 내용은 이 책 chapter 3의 <밤 10시가 허전한 아빠>에서 어어진다).

넷째로, 책으로 수다 떨기 "책수다"

　　아이가 열두 살 무렵부터 4년 정도 셋이 같은책을 읽고 모여 앉아 수다 시간을 가졌다. 한 달에 한 번 정도로 이어졌고, 아이가 중졸검정고시를 준비하던 시기에는 쉬어가기도 했다. 시작할 때만 해도 이렇게 오래 이어질 거라고 예상하지 못했다.

　　책수다 초기의 준비 과정은 다음과 같았다. 아이가 크면서 대부분의 과정이 생략되고 셋 중 한 명이 함께 읽고 싶은 책을 추천하면 별다른 이견이 없을 때 책이 선정되었다.

1) 함께 서점에 가서 각자 마음에 드는 책을 두 권씩 골라 들고 모인다(장르 불문).

2) 여섯 권 중 한 권씩 탈락시켜가며 마지막까지 남은 책 한 권을 구입한다.

3) 도서관에서 동일한 책을 대출한다. 아빠는 출퇴근 시에 읽기 편한 e-book을 대출한다.

4) 책 읽을 기간을 넉넉히 두고, 책수다 하는 날짜를 정한다.

5) 순서를 정해 돌아가며 질문을 준비하고 책수다를 진행한다(아이가 준비한 질문을 부모가 수정하지 않는 것이 좋다. 수정을 하다 보면 아이가 흥미를 잃게 될 수도 있다).

6) 각 질문에는 질문자를 포함해서 모두 답을 한다(아이가 자기만의 생각을 내어놓을 수 있도록 아이 먼저 답하게 하는 것이 좋다. 어른이 먼저 대답을 내어놓으면 아이가 어른의 생각을 따라오는 경향이 있다).

7) 책수다를 하기 전에 식사나 간식을 먹은 후 시작하는 것이 좋다. 배가 고픈 상태에서는 서둘러 끝내고 싶어진다.

    (우리 가족이 그동안 했던 책수다는 다음 챕터 <홈스쿨링> 중에 정리되어 있다).

다섯째로, 디지털 디톡스 여행.

    우리 가족이 즐기는 여행 중에는 걷기 여행, 기차 여행, 휴양림 여행 그리고 디지털 디톡스 여행이 있다. 주로 2

박 3일 이상일 때 그 중에 하루를 "디톡스 데이"로 정한다. 집에서 여행 동안 읽을 책을 미리 골라오거나 여행지에서 지역 서점에 들러 책을 구입하기도 한다. 여행 동안 그 책을 다 읽든 한 챕터만 읽든 자유롭지만, 디톡스 데이로 정한 하루는 스마트폰 사용이 엄격하다. 점심과 저녁 식사 전이나 후에 30분씩, 하루 종일 한 시간 사용이다. 서로 감시하는 분위기보다는 서로 양심껏 지키려는 분위기다. 그날은 책에 집중하거나 이야기를 나누거나 보드게임을 즐긴다. 스마트폰이 없는 그 하루가 얼마나 긴지 매번 새삼스럽다.

아이가 책을 좋아하게 만드는 여러 가지 팁을 나열했지만, 글을 시작하면서 언급했던 것처럼 대부분 시간이 확보되지 않으면 실행하기 어려운 팁이다. 아이가 모든 교과 과목을 착실히 감당하면서 책을 가까이하기에는 물리적인 시간이 절대적으로 부족한 게 현실이다. 아이가 책을 좋아한다면 공부를 하고 있지 않는 것에 불안해하기보다는, 미디어 쓰나미 시대 속에서 아이가 책을 읽는 모습에 오히려 안심할 수 있다면 좋겠다. 책이 아이의 내면에 쌓아주는 힘을 믿으면서 말이다.

열여덟 살이 된 안이의 후기

안: "오늘 무슨 책 가지고 나왔어?"가 에둘러 말한 건가?
　　이 정도면 엄마의 의도를 바로 알아.

화: 정말? 강요 안하려고 나름 노력한 건데.

안: 내가 어렸을 때는 몰랐을지 몰라도 지금 보니 딱 봐도
　　강요네.

화: ......

안: 아빠랑 책 읽기 시간 너무 좋았지. 지금은 내가 늦게
　　자고 아빠가 일찍 주무시니까 하려고 해도 못하지.

화: 지금 다시 한다면 어떨 것 같아?

안: 지금? 아마 수다떨다가 책 진도 하나도 못 나가고 잘 걸?

5

책을 좋아하는 아이 2

앞의 글 <책 좋아하는 아이_1>에서는 우리 가족이 꽤 오랫동안 지속적으로 또는 정기적으로 해 본 것을 정리해 보았다. 이번 글에서는 여기저기서 얻은 책 읽기에 관한 정보 중 실행했던 것들을 정리해보려 한다. 책을 즐기지 않던 양육자였지만, 아이가 책을 좋아하길 바라는 마음으로 함께 책을 가까이하며 성장한 나의 이야기이기도 하다.

첫째로, 틈만 나면 도서관 & 서점 가기.

우리 가족은 아이가 어릴 때부터 도서관이나 서점에 자주 갔다. 최근에 지어진 도서관은 어딜 가든 그 규모가 크든 작든 어린아이들을 위한 공간이 참 잘되어 있다. 아이가 어릴 때 나는 책이 좋아서 읽는 사람이 아니었다. 책을 읽어야 한다는 어떤 의무감으로 읽었다. 그러다 아이가 그림책을 보는 시기에는 나도 그림책을, 아이가 아동책을 보는 시기에는 나도 아동책을 읽었다. 그렇게 아이와 속도를 맞추었다. 부모이기 때문에 아이보다 앞서가야 한다는 생각은 없었다. 오히려 아이와 같은 또래가 주인공인 책을 읽는 것이 좋았다. 아이를 이해하는 데 도움도 되었고 덩달아 소통하는 즐거움도 생겼다. 그렇게 10여 년이 훌쩍 지나고 나서야 덕분에 이제 나도 책이 좋아서 읽고 있다는 것을 알게 되었다.

집 근처에 작은 도서관이 있어서 아이가 유치원 버스에서 내릴 때에도, 초등학생이 되어 하교하고 오는 길에도 자주 들렀다. 대출해 오는 것보다 도서관에 앉아서 책을 보는 시간을 아이도 나도 더 좋아했다. 아이는 도서관에 있다 보면 친구를 만나 함께 숙제를 하기도 했고, 놀기도 했다. 그 공간이 익숙해지고 편안해진 아이는 꽂혀 있는 책들을 살펴볼 기회가 많았다. 그러면서 얇디얇고 글씨가 큼직한 어린이 삼국유사와 역사 학습 만화를 접하게 되었고, 그것을 시작으로 역사에 관심을 갖게 되기도 했다. 아이가 자라면서는 집에서 멀지 않은 몰(mall)에 종종 가게 되는데, 그곳에 가면 습관처럼 서점에 들른다. 따로 외출해서 만날 때는 서점이 만남의 장소가 된다. 사야 할 책이 없어도 여행을 가면 서점에 들른다. 제주에 가면 숙소 주변 작은 책방을 찾아가고, 동해 쪽으로 가면 문우당서림이 우리 가족의 필수 코스다. 작은 책방은 각각의 개성이 뚜렷해서 그 공간에 있는 동안은 또 다른 세상에 온 듯하다. 잠시라도 다른 곳으로 데려다준 고마움에 최소 책 한 권은 꼭 구입한다.

둘째로, 아이가 고르는 책 존중하기.

도서관에서 책을 빌릴 때든, 서점에서 책을 구입할 때든 아이가 고른 책에 토를 달지 않으려고 한다. 유해한 내용이거나 이미 집에 있는 책이거나 우리 형편에 과한 고가의 책이 아니라면 선택을 존중하려 한다. 책을 고르는 것과 같은 일상 속의 사소한 선택에서 스스로 결정하는 법을 배우는 것도 좋겠다는 생각이 들어서다. 아이와 함께 그림책을 읽던 때부터 "엄마, 이 책 재미있어. 엄마도 좋아할 것 같아" 하며 추천하는 책을 같이 읽기도 했다.

책 선정에 있어 필독서 목록에 매이지 않기를 부탁한다. 세상에 펼쳐진 수많은 양서 중에 누군가가 정해놓은 리스트에 우리 아이들이 한정 지어지는 것은 참으로 안타까운 일이다. 게다가 필독서 목록 중에는 현시대의 감수성에 전혀 맞지 않는 책들이 포함되어 있는 것도 흔히 보인다. 아이가 책을 좋아하게 되길 바란다면 필독서 목록을 내밀기보다는 아이가 원하는 책을 선택해서 읽게 하자.

셋째로, 책을 읽는 방법 열어두기.

아이가 책을 좋아하길 원한다면 양육자의 책 읽는 방법을 강요하지 말자. 아이가 한참 책에 푹 빠져들던 무렵에 그런 실수를 많이도 했다. 그렇게 빨리 읽으면 내용이 들어오냐, 읽다 말면 아깝지 않냐, 결말을 먼저 보면 재미없지 않냐, 들어가는 말부터 맺는 말까지 꼭 읽어봐라 등등…

　　그러다 우연히 보게 된 짧은 영상에서 한 독서가의 강연을 듣게 되었다. 강연자가 누구였는지는 기억나지 않지만 그 강연의 결론은 또렷이 남았다. 어떤 식으로 읽든 내버려두라는 것이었다. 결말부터 미리 읽은 후 처음부터 읽는 아이가 있는가 하면, 책날개부터 꼼꼼히 읽는 아이가 있다. 책을 한 번에 한 권만 읽는 아이가 있는가 하면, 동시에 여러 권을 읽는 아이도 있다. 책이 재미없어도 끝까지 읽는 아이가 있는가 하면, 도중에 덮어버리는 아이도 있다. 아이 스스로 서서히 좋은 방법을 터득해갈 테니 권유는 해보되, 강요는 하지 말자는 것이었다. 학습 만화만 읽는다고 걱정하지 말자. 활자에 부담이 없는 상태가 유지되면 글줄이 긴 책으로 넘어갈 힘도 생길 것이다.

　　어떤 일에든 잔소리가 따라오면 갑자기 하기 싫어진다는 것을 너무나 잘 알고 있지만, 잔소리를 참는 것이 딸꾹질을 참는 것만큼 어렵다. 뱉어놓고 후회한 적은 또 얼마나 많은지… 그래도 잔소리를 삼키려 노력하는 자신을 칭찬하자. 주변에 칭찬을 서로 나누는 사람이 있다면 더 좋겠다.

　　"오늘도 잔소리 열 개 중에 일곱 개만 뱉은 나를(너를)

칭찬해!"

 열여덟 살이 된 안이의 후기

안: 맞아, 우리 여행가면 서점 꼭 가지.

화: 여행지에서 서점 가는 거 어때?

안: 좋아, 생각보다 서점에 간 기억이 많이 나. 특히 문우
당. 거기서 책 꼭 한 권씩은 샀잖아. 근데, 거기서 샀으
니까 읽어야 된다는 의무감으로 읽은 적도 있어.

화: 난 네가 고른 책이니까 무조건 좋아서 읽는 줄로만 알
았지.

#6

장난감에 대한 철학
(외동아이와 장난감 없이 놀기 1)

아이들 장난감 가격이 삼사만 원은 예사다. 게다가 시리즈로 이어 만들어지는 장난감이라면 감당하기 쉽지 않다. 안이에게 장난감이 한창 필요했던 시기에 장난감이 고가이기도 했고, 장난감을 가지고 노는 것에 (내가) 크게 흥미를 느끼지 못했다. 양육자도 흥미가 있는 놀잇감이어야 아이와 제대로 놀 수 있다는 생각을 가지고 있었는데, 같이 즐거워야 금방 지치지 않고 오래 즐길 수 있었다. 이런저런 이유로 시중에 파는 장난감보다는 집에 있는 집기류를 이용해서 노는 경우가 많았다. 그렇게 아이와 즐거운 놀이 추억이 하나둘 쌓이고, 나름 장난감에 대한 철학이 하나둘 생기기 시작했다.

<장난감 구입에 대한 철학>
1) 장난감을 사주더라도 어떤 성취에 대한 보상("ㅇㅇ하면 ㅇ

ㅇ사줄게"라는 식의 보상)으로는 사주는 경우가 거의 없었다. 성취감은 그 자체로 고스란히 느낄 수 있도록 하고 싶었다. 성취한 것에 대한 기쁨은 엄마 아빠의 진심이 담긴 리액션이 전부였다.

2) 장난감은 평소 아이가 관심 있어 하는 것을 봐두었다가 평범한 날 서프라이즈로 가끔 선물했다. 특별한 날이 아니어도 존재 자체로 사랑한다는 마음을 보여주고 싶었다. 독하다고 할지 모르지만, 크리스마스에 아이에게 특별한 선물은 없었다. 대신 가족의 행복한 시간에 집중했다. 그리고 주변에 힘든 사람들을 돌아보아야 하는 날이라고 일러주었다.

<장난감의 조건에 대한 철학>

"예외 없이 반드시 지켜야 해!"는 아니었지만, 가능하다면 지키고 싶은 조건이었다. 아이의 취향을 무시할 수 없으니 아이가 선호하는 범위 안에서.

1) 이왕이면 활용도가 높은 장난감 위주로 사주었다. 블록처럼 몸을 쓰면서 놀 수 있는 것, 만들었다 부쉈다 반복 사용이 가능한 것이었다. 이런 류의 장난감들은 대부분 설명서에 나온 방법 이외에도 아이가 자유자재로 만들어 볼 수 있다는 장점도 있다.

2) 성별이 나뉘지 않는 장난감을 가능한 선택했다. 핑크색이 가득한 장난감은 선물 받는 것만으로도 충분했다.

3) 자주 사주지는 않았지만 한 번 사줄 때는 저렴한 가격에 초

점을 두기보다는 재질을 많이 고려했다. 모든 부모가 그렇겠지만 아이의 안전을 일순위로 두었기 때문이다.

<장난감 대신 늘 준비해 두었던 것>

1) 우리 집 주요 장난감은 다 쓰고 남은 휴지 속, 갑 티슈 빈통, 신문지 같은 재활용품들과 다양한 컬러의 시트지, 색종이, 골판지, 수채화 물감, 투명 비닐우산 등이었다. 만들기 놀이는 아이의 성장 발달 단계마다 양육자의 도움의 정도가 많이 달라진다. 가위 사용, 풀이나 글루건 등의 접착제 사용부터 해서 무엇을 만들지 정하는 것에서도 도움의 정도는 달라진다. 아이가 자랄수록 양육자의 역할에 힘을 점점 빼는 것도 만들기 놀이의 중요한 부분이다.

투명 비닐우산은 아이가 특히 좋아하는 놀이였는데, 비싸지 않은 아동용 비닐우산을 사두면 여러모로 유용하다. 가위질이 어려울 때는 매직을 이용해서 우산에 직접 그림을 그리고, 가위질이 가능한 연령일 때는 시트지를 활용해서 우산을 꾸민다. 세상에 하나뿐인 우산을 만들어두면 비 오는 날 아이의 등원 길이 즐거워진다. 또 친구의 생일 선물로도 아주 좋다.

2) 단순한 (아이 혼자 가능한) 놀이로는 주방의 집기류를 많이 이용했다. 대부분의 가정에서 주방에는 위험한 물건이 많은 편이라 싱크대 서랍을 잠금장치를 이용해서 잠가둔다. 우리 집

의 경우, 주방에 수납공간이 많지 않았지만 다른 서랍들을 빡빡하게 채워 사용하고, 한 군데만 아이가 열 수 있도록 했다. 무겁거나 깨지기 쉬운 것들은 치우고 가볍고 안전한 것들만 두었다. 아이가 발등에 떨어뜨려도 다치지 않는 것이 기준이었다. 가벼운 볼이나 채반, 얼음트레이, 유아용 컵이나 그릇 등과 말랑한 실리콘으로 된 조리도구 같은 것이었다.

조리기구를 작은 손에 쥐고, 엎어놓은 그릇들을 두드리는 것이 주된 놀이였다. 아이는 지겹지도 않은지 한동안 눈 뜨면 '싱크대를 열어 두들기기' 놀이가 일상이었다. 정신없이 시끄럽기도 했지만 더없이 신난 아이의 표정을 볼 수 있었다(너무 시끄럽다면 수동 거품기나 500ml 재활용 페트병을 활용하면 두드리는 소리가 훨씬 들을 만하다). 어떤 날은 다른 놀이를 하다가 갑자기 싱크대로 가서 자기가 필요한 것을 꺼내어 노는 확장이 일어나기도 한다.

미안한 마음을 장난감으로 대체하지 않기를

아이에게 미안한 마음이 커서 아이가 사달라는 대로 장난감을 사주는 상황을 어렵지 않게 본다. 아이와 놀아줄 시간이 너무 없어서, 아이와 놀아줄 줄 모르는 양육자라 미안해서, 아이가 하나라서 외로울까 봐. 다양한 이유가 있겠지만 장난감의 역할에 너무 무게를 두지 말자. 장난감이 많을수록 아이는 가지고 노는 시간이 짧아질 뿐이다. 애착을 갖는 건 그중 한두 가지에 불과하다.

　　잘 놀아주지 못하더라도 하루에 단 10분이라도 눈을 마주치고 온기를 나누며 웃는 시간을 갖자. 새벽에 줄 서서 사온 장난감보다 함께 웃는 10분이 더 큰 역할을 할 것이다. 그 10분의 추억이 쌓여 아이의 말이 줄어드는 시기에 서로에게 더없이 훌륭한 장난감이 되어줄 것이다.

 열여덟 살이 된 안이의 후기

화: 너 그릇 엎어놓고 두들기며 놀았던 거 기억나?

안: 나 유치원 다닐 때까지도 한 것 같은데, 스텐으로 된 보울 얼굴에 덮어쓰고 누워서 딩~ 소리 듣는 거 진짜 재미있었어.

화: 그 장면 생각 나. 거실에 누워서 너 혼자 얼마나 낄낄거리던지.

#7

아이와 놀며 스트레스 풀기
(외동아이와 장난감 없이 놀기 2)

아이들과 있는 시간이 적성에 맞지 않다는 것을, 길지 않은 유치원 교사 생활을 하면서 알게 되었다. 그래서 육아에 보람을 느끼는 나 스스로가 굉장히 의외였다.

육아서를 읽고 내용 중 딱 한 줄만 내 것으로 만들어 보는 것도 보람 중 하나였다. 육아에 보람을 느낀다는 것이 '애지중지 내 새끼에겐 최고로만 해주겠어' 류의 열심에서 온 것은 아니었다. 그럴 형편도 마음도 아니었다. 싫어하는 걸 억지로 하지 못하는 편이라 내가 좋아하고 잘할 수 있는 것 위주로 에너지를 쏟았다. 그것이 놀이였다. 하지만 그중에서도 억지로 하지 않은 것은 인형놀이였다. 이유는 모르겠지만 인형놀이는 전혀 흥미가 생기지 않았고, 아이에게 엄마의 이런 취향을 잘 이야기해주었다.
어린아이들도 스트레스가 있다는 말을 처음 들었을

때 처음엔 물음표가 떴지만 이내 그럴 수 있겠다 싶었다. 새로 접하는 것이 도처에 깔려있다는 것은 흥미롭기만 한 것은 아닐 테니까 말이다. 그래서 스트레스를 풀 수 있는 놀이를 종종 했다. 그중 대표적인 놀이가 신문지를 활용한 것이었다.

<신문지 찢기 놀이>

신문지 찢기 놀이에는 다양한 방법이 있다. 준비물이 단 하나 신문지뿐이라는 큰 장점이 있지만 그만큼 큰 단점이 있다면 먼지다. 하지만 즐겁게 스트레스를 날리기 위해서 먼지는 감수했다(신문지 놀이는 4세 무렵부터 초등 저학년 무렵까지 했던 것 같다).

1) 신문지를 넓게 펼쳐 길게 찢기

찢고 싶은 만큼 찢을 수 있도록 여유 있게 신문지를 가져다 둔다.

굵게도 찢고 가늘게도 찢는다. 길게 찢는 것이 재미있지만 스트레스 해소를 위한 놀이이므로 가능한 놀이 규칙을 만들지 않는 것이 좋다. 둘이서 같이 찢다 보면 어느새 수북이 쌓이는데, 그걸로 또 다른 놀이를 이어갈 수 있다. 더 잘게 찢기, 위로 던져 덮어쓰기, 뭉쳐서 서로에게 던지기(눈싸움처럼) 등등. 아이가 즉흥적으로 만들어낸다면 그 놀이를 같이 즐겨보자.

2) 신문지 깔고 트위스트

신나는 동요를 함께 부르거나 음악을 준비한다. 바닥에 신문지 한 장을 넓게 깔고 아이와 밟고 서서 손을 맞잡는다. 노래가 시작되면 발바닥이 땅에서 떨어지지 않도록 신문지를 비비며 찢기 놀이를 한다. 흥이 오른다면 즐거운 댄스로 이어져도 좋겠다.

3) 신문지 샌드백 치기

양육자가 두 팔을 뻗어 신문지를 들고 있고 아이가 복싱을 하듯 주먹을 뻗어 신문지에 구멍을 뚫는다. 아이와 양육자가 역할을 바꿔가며 샌드백 놀이를 한다.

놀이에서 보조 역할만 하는 것이 아니라 아이와 똑같이 신문을 찢으며 나도 스트레스를 풀었다. 양육자도 놀이에 적극적으로 함께하면서 아이와 감정을 교류하는 것이 좋다는 것을 이때는 막연히 알고 있었고, 후에 그것을 확인하게 된 계기가 있었다.

아이가 열 살쯤이었을 때 둘이서 여행을 간 적이 있다. 가을이었는데 아이는 바지를 걷고 바다에 들어가고 싶어 했고, 나는 귀찮은 생각에 사진을 찍어주마 하고 들어가지 않았다. 아이는 바다에 들어가고 나서도 줄곧 엄마도 들어왔으면 좋겠다는 간절함을 전했고 마지못해서 바지를 걷었다. 바다에 발을 담그는 순간 알았다. 아이는 이 간질거림

을, 이 기분 좋은 차가움을 공유하고 싶어 했다는 것을. 그
날 우리는 바지가 젖는 줄 모르고 놀았고, 비좁은 차 안에서
바지의 물기를 닦으며 얼마나 웃었는지 모른다. 그때부터
순간을 공유하는 것에 대한 생각이 확연히 달라졌다.

아이와 놀이를 시작하며 함께 즐겁기를 바라지만 예
상치 못한 방향으로 흘러가는 날이 왜 없겠는가. 좋은 마음
으로 시작했다가 결국엔 화를 내고 마는 날이 부지기수다.
'차라리 혼자 놀게 둘 것을 괜히 잘해보겠다고 마음먹은 내
가 잘못이지, 에휴…'

그런 경우, 준비한 재료가 많거나 투자한 시간과 에
너지가 많은 날이 대부분이었던 것 같다. 놀이를 준비하는
동안 나도 모르게 아이의 반응에 대한 기대치가 높아져버린
것이다. 최소한의 준비로 양육자의 에너지를 아끼자. 양육
자의 마음을 지키자.

8

놀이+놀이
(외동아이와 장난감 없이 놀기 3)

나를 알아가면서 누군가 만들어둔 것을 그대로 따르기보다 새로운 것을 시도하기 좋아한다는 것을 알아간다. 지나고 나서 보니 아이를 키우면서도 그런 부분이 꽤 있었던 것 같다. 물건이나 장난감의 원래 용도와 다르게 아이와 놀 수 있는 방법을 생각해 내기를 즐긴 것도 그 중의 하나인 듯하다. 예를 들면, (카페에서) 미처 장난감을 챙기지 못했을 때 티슈를 활용해 놀거나, (집에서) 지겨워진 놀이와 또 하나의 놀이를 연결하는 것 등이다.

<퍼즐 맞추기 + 얼굴 근육 움직이기>
아이가 종이 퍼즐을 한창 잘 가지고 놀던 무렵에 피스 4개 또는 9개짜리 퍼즐이 지겨워지면 썼던 방법이다. 익숙해진 퍼즐을 지겨워할 때나 퍼즐 하나로 놀이 시간을 조금 더 오래 끌고 싶을 때 활용하면 좋다.

1) 퍼즐 한 조각을 이마에 붙인다(코팅된 부분이 피부에 훨씬 잘 붙는다).

2) 손을 대지 않고 얼굴 근육을 움직여서 퍼즐 조각을 떨어뜨려야 한다.

3) 떨어뜨리기 성공한 조각을 퍼즐 판에 맞춘다.

4) 이어서 다음 조각을 이마에 붙이고 같은 방법으로 퍼즐을 이어간다.

5) 이 놀이에 익숙해지면 퍼즐 조각을 퍼즐 판 안에 떨어뜨려야만 퍼즐을 맞출 수 있게 한다. 바닥에 떨어뜨리면 다음 기회에 다시 한다.

6) 양육자도 마주 앉아서 놀이를 하다 보면 일그러진 표정에 서로 웃을 수밖에 없다.

　　　놀이와 놀이를 연결하기. 이 방법은 소소하게 연결할 수 있는 것이 많다. 스케치북에 얼굴 그리기 + (엄마가 사용하지 않는) 화장품으로 화장시키기, 도미노로 길 만들기 + 쓰러뜨린 도미노를 건드리지 않고 줄지어 걷기 등이 있다. 도미노 사이 걷기는 줄을 활용할 수도 있다. 줄넘기 줄이나 운동화 끈, 케이크 끈 등을 이용해서 바닥에 길 만들기 놀이를 먼저 한 다음, '줄을 건드리지 않고 걷기' 또는 '허리를 잡고 기차를 만든 두 사람 모두 길 건드리지 않고 통과하기 놀이'를 할 수 있다.

　　　이외에도 평소에 하는 놀이와 또 하나의 놀이를 엮으

면 얼마든지 많은 놀이를 만들 수 있다. 흥미가 시들해진 장난감에 또다른 재미를 불어넣을 수 있는 방법이다. 새로운 장난감을 사주기에 앞서 있는 장난감을 충분히 활용해보자.

<인형 + 복면가왕 놀이>
이 놀이는 아이가 아홉 살 무렵에 인형놀이를 하다가 혼자 확장시킨 놀이다. 그 무렵 가면을 쓴 사람이 나와 노래하는 TV 프로그램을 아이와 함께 종종 시청한 덕분에 생각해낸 것 같다. 이런 확장은 놀이 시간이 충분하다면 아이들에게 자연스럽게 이루어진다. 우리도 어릴 적 운동장에서 모래 쌓기로 시작한 놀이가 소꿉놀이나 아빠 엄마 놀이로 이어졌듯이 말이다.
아이는 집에 있는 인형들을 모아 늘어놓고, 각 인형에 씌워줄 가면을 종이와 자신의 머리끈을 이용해 만들어주었다. 그리고 프로그램을 따라 가면에 어울리는 이름을 지어 우리에게 소개시켜 주었다. 구름 한 점 없는데 번개 소리, 빨간 집에 고드름, 월요일에 교회 간다, 토리와 함께 춤을, 내 재산보다 값진 보석, 세침떼기 루라 등.

이어서 미처 장난감을 챙기지 못하고 외출했을 때 아이와 노는 법을 하나 소개해 보려 한다. 카페에 갔을 때 손쉽게 구할 수 있는 냅킨으로 아이와 놀아보자.
< 카페에서 아이와 냅킨을 활용한 놀이법>

주요 tip: 카페에 민폐가 되지 않도록 한 손 가득 집어오지 않는 센스를 발휘하자. 서너 장이면 충분하다.

1) 작게 더 작게 접기

① 어떤 방식으로 접든 간섭하지 않고 부모는 부모대로, 아이는 아이대로 접는다. 마구 구기는 것만 피할 수 있도록 돕자.

② 두 겹으로 된 냅킨을 한 겹씩 나눠 가지면 얇아서 더 잘 접히기도 하고 아낄 수도 있어 일석이조다.

③ "누가 누가 더 작게~"라는 말보다는 "오~ ㅇㅇ이는 그렇게 접는구나. 나는 이렇게 접어볼게"라는 식으로 말하자. 얇은 냅킨을 다루는 놀이에서 경쟁이 붙게 되면 아이가 흥분해서 찢기 쉽다.

④ 아이가 어려워한다면 같이 속도를 맞춰 한 단계씩 접는다.

⑤ 결과물에 서로 박수를 보내주자.

2) 긴 냅킨 만들기

① 앞서 접었던 냅킨을 펴서 재활용한다.

② 냅킨을 어떤 식으로 찢어야 길어질 수 있는지 고민이 필요한 놀이로 난이도가 있다(달팽이 모양이든, 'ㄹ' 모양이든 뭐든 가능하다).

③ 냅킨이 얇아 아이가 손으로 찢기 어려워한다면 한 장으로 같이 해볼 수 있다.

④ 결과물이 길면 긴 대로, 짧으면 짧은 대로 집중해서 조심스

럽게 찢을 수 있었던 것만으로 칭찬하자.

3) 길어진 냅킨 활용하기

① 짧게 만들어졌다면 팔찌로 손목에 둘러보자. 아이 손목에, 내 손목에 둘러보고, 함께 온 일행의 손목도 잠시 빌려보자.

② 길게 만들어졌다면 조심스럽게 스카프처럼 목에 둘러보자.

③ 멋지게 둘러 사진도 찍어 보자.

④ 아직도 끊어지지 않았다면 손을 다친 척 "붕대 감아주세요~", "손이 아파요. 호호 불어주세요~" 해보자.

4) 마지막으로 냅킨 물들이기

① 아이가 테이블을 엉망으로 만들지 않도록 처음부터 컵 속에 소량의 물만 남기고, 냅킨을 두 장만 놓고 시작하자.

② 쏟아붓지 않고 반드시 티스푼이나 손끝을 사용해야 한다. 천천히 번지는 상태를 보려면 아주 소량의 물만 적셔야 한다.

③ 티스푼 끝을 물에 적셔 냅킨 끝부분을 적신 후, 번짐을 살펴본다. 색이 있는 음료가 남았다면 음료를 이용하는 것이 더 흥미롭다.

④ 색이 번지는 상태를 보면서 아이와 다양한 감탄사를 뱉어보자.

　　　카페에서는 한 자리에서 조용히 노는 방법을 택한다. 냅킨을 활용한 놀이는 조심성이 필요해서 소란스러워질 확률이 낮다. 냅킨을 접거나 찢는 활동은 소근육 운동과 집중력에 도움이 된다. 생각만큼 잘 되지 않을 때의 짜증을 잘 넘기도록 도와주자. 실제로 찢기는 쉽지 않다. "엄마도 잘 안되네. 이게 생각보다 어렵구나. 우리 ㅇㅇ이 그만큼이면 정말 집중해서 잘 한 거야" 등의 표현을 해주자. 6,7세에서 초등 저학년 아이까지 가능한 놀이다. 초등 저학년도 생각보다 이런 놀이를 즐긴다. 부모가 아이의 연령에 따라 응용하고 반응해 주면 된다.

카페에 가면 양육자도 휴식을 갖고 싶다. 아이가 혼자 놀아주면 고맙겠지만 "심심해~"라는 세상 가장 무서운 말을 연발한다. 잠시 동안은 영상으로 달랠 수 있겠지만, 그 네모상자에 너무 긴 시간을 의존하는 것은 가능한 피하자. 영상을 허락하기 전에 냅킨을 이용해서 아이와 간단히 놀아보면 어떨까. 적어도 그날 하루만큼은 내 아이의 전두엽을 지켜낸 뿌듯함을 누릴 수 있을 것이다.

9

보드게임 어디까지 해봤니?

아이 장난감 중에 가장 투자를 많이 한 것이 보드게임이다. 다른 장난감도 그렇겠지만, 보드게임도 만만치 않은 고가의 장난감이다. 보드게임의 빈틈없는 게임 방식을 만들어낸 아이디어 값이라고 하면 더 이상 덧붙일 말은 없지만, 언제나 주문 버튼을 클릭하기 전에 고민을 거듭한다. 신중하게 구입하는 방법 중에 하나는 지인 집이나 여행 숙소, 보드게임 카페 등에서 경험해 본 것 중 우리 가족이 계속할만한 게임을 구입하는 것이다. 어떤 게임은 우리 가족이 보드게임을 좋아하는 것을 알고 남편 지인이 빌려줘서 경험해 보고 구입한 경우도 있다.

사실 보드게임은 아이의 장난감이라기보다 가족 모두의 장난감이다. 정확한 기억은 없지만 아이가 대여섯 살에 그 연령대에 가능한 것부터 시작했던 것 같다. 보드게임은 우리 부부도 좋아하는 놀이라서 아이와의 게임 중에도 '놀아 주는' 느낌이 드는 경우는 거의 없었다. 이제는 아이가 크고 개인적인 일정이 많아지면서 주말에 설거지 당번을 정하기 위해서 가끔 게임을 하는 정도다. 하지만 방학이 되면 아이방 베란다에 있던 보드게임들이 거실로 나와 쌓인다. 그리고 2박 3일 이상의 여행을 갈 때는 보드게임을 필수로 챙기는데 그렇게 틈을 내어 하다보니 어떤 보드게임은 족히 백 번쯤 한 것도 있다. 오래 전에 하던 게임을 오랜만에 다시 꺼내어 하게 되는 경우가 있는데, 아이가 자란 탓에 그전과는 또 다른 재미를 느끼기도 한다. 대표적인 것이 그림 카드를 보며 이야기를 만드는 보드게임 <딕싯>이다. 같은 그림 카드지만 십여 년 전의 우리가 만들어내던 이야기와 지금의 우리가 만들어내는 또 다른 이야기의 차이에서 오는 재미가 있다. 딕싯뿐만 아니라 세월이 오래 묵은 게임들 대부분에서 시간의 흐름에 따라 다른 재미를 느낀다.

멤버가 많으면 게임이 더욱 흥미진진해지는 것은 당연하다. 셋이서 하다가 지인 가족과 함께 할 때 한층 재미가 더해지는 것을 여러 번 경험했다. 그렇다고 셋이 하는 게임이 재미없지는 않다. 다만 게임 인원이 셋이어도 재미있도록 만들어진 게임을 찾고, 세 식구 모두가 흥미를 갖는 게임을 택하는 것이 중요하다. 한 사람이라도 흥미가 없는 게임은 지속적으로 하기 쉽지 않다.

우리 가족이 오래도록 질리지 않고 하는 게임이 <스플렌더>와 <센츄리>인데 (지극히 개인 취향임을 이해해 주시길) 운과 작전이 동시에 필요한 게임이다. 셋 모두 실력이 고만고만하다 보니 매번 승리의 여신이 이끄는 대로 위너가 바뀌는데 이 또한 게임을 지속할 수 있는 요인이 아닌가 싶다. 한쪽으로 실력이 많이 기울면 게임을 할 의욕이 생기지 않는 것이 당연지사. 그렇다고 일부러 져주는 것은 용납되지 않는다! 다만, 승부욕이 강한 아이라면 가끔은 아슬아슬하게 져주는 것도 필요할 수 있다. 하지만, 게임에서 지는 법을 배우는 곳도 가정이 되어야 하지 않을까 한다.

아이 취학 전부터 했던 게임을 대략 정리해 보면 <젠가>, <해적왕 롤렛>, <루핑루이>, <할리갈리>, <스토리 큐브> 정도다. 이 중에 <스토리 큐브>는 주머니에도 들어갈만한 사이즈라 여행 시 이동하는 중에 차에서도, 기차에서도, 비행기에서도 자주 사용했다. 주사위처럼 생긴 큐브 아홉 개를 굴려 나오는 그림 모두를 엮어 이야기를 만드는 게임인데, 영 엉뚱한 그림이 끼어있을 때 재미가 더해진다. 스토리 큐브처럼 이야기를 만드는 게임으로는 <딕싯>과, <이야기톡>이 있다.

스피드를 요하는 게임은 <할리갈리>, <도블>이 대표적이다. 다음에 어떤 카드가 등장할지 놓치지 않아야 하기에 집중력도 상당히 필요하다. 빠르게 진행될뿐 아니라 눈

깜박일 틈 없이 집중을 해야 하다 보니 승부욕이 제대로 자극된다. 실패가 거듭되면 아이 어른 할 것 없이 기분이 나빠질 수 있으니 주의!

아이가 초등학교 다니면서 사칙연산에 도움이 될까 해서 구입한 것이 <로보 77>이다. 하지만 게임의 특성상 시간이 늘어지면 게임의 흥미도 떨어지다보니 초등 저학년 때는 정작 몇 번 하지 못했다. 구입 의도와 다르게 초등학생일 때는 고이 모셔져 있다가 오히려 청소년이 되고 나서야 더 재미있게 하고 있는 게임이다. 반대로, 숫자 게임 중 어려울 거라고 생각했던 <루미큐브>는 아이가 어릴 때 흥미를 보였다. 루미큐브는 지금도 우리 집 스테디 게임이다.

<보난자>, <마라케시>와 같은 게임은 서둘러 진행해야 하거나 예리한 작전을 짜야 하는 긴장감은 덜 하지만, 평소와 다른 성격을 볼 수 있는 게임이다. 특히 보난자는 거래를 하면서 서로의 새로운 면을 보게 되는데, 받은만큼 정확하게 돌려주거나, 계산 없이 마구 퍼주거나, 아예 거래를 거절하는 등 사람마다 다양한 모습을 볼 수 있다.

<체스>, <시퀀스>, <달무티>는 순발력 있는 작전이 필요한데, 모든 게임이 그러하지만 이 게임들은 특히나 횟수를 거듭할수록 실력이 느는 것이 눈에 보이는 게임이다. 시퀀스는 오목을 해본 경험이 있다면 무리 없이 시작할 수 있다. 달무티는 세 식구로는 안 되는 게임이라 대부분 고이 모셔져 있지만, 지인 가족을 초대하는 날엔 꼭 등장하는 게

임이다. 작전에 따라 대주교부터 농노까지 여러 계층의 신분으로 뒤바뀌는 흥미로운 게임이다.

　<인생게임>, <카탄> 이 둘은 게임 종류는 아예 다르지만 긴 시간이 필요한 게임이다. 인생게임은 부루마불과 비슷한 면이 있지만 스스로 선택하며 가는 인생 루트가 있어 즐길 수 있다. 카탄은 본인의 땅에서 나는 자원을 모아 개발하며 땅을 넓혀 가는 게임이다. 카탄도 보난자처럼 거래가 이루어지는 게임이다.

　아이를 키우면서 부모의 즐거움을 포기하지 않는 것이 더욱 중요함을 느낀다. 아이의 성향에만 맞춰 가다 보면 지치기도 하지만 양육자가 좋아하는 것을 잃어버리기도 한다. 아이가 자라면 엄마, 아빠가 좋아하는 것이 무엇인지 알려주자. 그리고 부부가 서로 좋아하는 것도 잊지 않도록 하자. 좋아하는 목록을 외우는 것이 아니라 게임을 하면서, 식사 메뉴를 고르면서, 휴일을 보내면서 가족 구성원의 취향을 고르게 드러내고 조율해서 선택하도록 하자. 사랑이라는 이름으로 매번 취향을 감추다 보면 언젠가 나조차 나를 모르게 될지도 모를 일이다.

열여덟 살이 된 안이의 후기

안: 승부욕? 이제는 승부욕은 내다버리고 냅다 노래만 부르지(요즘 아이는 보드게임을 하는 동안 게임보다 노래 부르는 데 더 집중한다).

화: 이제는 승부에 대해서는 전혀 관심 없어?

안: 이제는 내가 이기는 것보다 이 게임을 통해서 엄마 아빠랑 같이 있는 게 더 좋은 보상이라는 걸 알 나이지.

10

엄마의 취미도 포기하지 않기
(아이와 함께 미술관 갈 때의 Tip 11가지)

아이가 아주 어릴 때는 아이에 맞춰서 휴일 일정을 짜는 경우가 대부분이지만, 그렇다고 양육자의 취향을 전혀 무시할 수도 없는 노릇이다. 아이와 함께하는 휴일이 지겹기만 하다면 휴일 일정에 대한 조정이 필요하다. 어느 구석에 팽개쳐 두었던 양육자의 취미도 한번 꺼내어보자.

아이가 생기기 전부터 미술관에 다니길 즐겼던 나는, 이 한 가지만큼은 포기할 수 없었다. 아이가 뱃속에 있을 때도 태교를 위해서가 아니라, 나를 위해서 미술관에 다녔다. 아이가 태어나고 나서는 휴일에 아이를 부탁드릴 상황이 되지 않아 할 수 없이 아이를 데리고 미술관엘 다녔다. 화가에 대해 아는 것이 많거나 미술사에 대한 지식이 많은 것은 아니다. 고흐는 어떤 인생을 살았고, 뒤샹은 변기를 작품으로 내놓았다는 것을 아는 정도에 불과하지만, 그림이나 사진에

몰입해 있는 시간이 좋다. 정답 없이 마음대로 작품을 해석할 수 있다는 것이 좋다.

그 취미만큼은 붙잡고 있었던 덕분에 아이도 미술관에 자연스럽게 드나들게 되었고, 지금은 방학이면 친구와 미술관에 다니는 청소년이 되었다. 그리고 우리의 미술관 데이트는 아이에게 내게도 여전히 즐거운 이벤트다. 아이에게 양육자의 취미를 공유하려면 여러 가지 노력이 필요하겠지만, 가장 중요한 것은 '온전한 즐김'인 것 같다. 양육자도 아이도 함께 즐길 수 있도록 이 시간만큼은 어떤 부담도 내려놓자.

아이와 함께 미술관 갈 때의 Tip.

1) 아이와 함께 갈만한 전시의 얼리버드 티켓을 미리 사둔다.

   : 전액을 다 주고 가기엔 입장료가 부담스러운 전시가 많기도 하지만, 금액이 클수록 본전 생각이 커져서 아이가 전시를 좀 더 값지게 봐주기를 바라는 욕심이 생길 수 있다.

2) 반드시 어린이를 대상으로 기획된 전시가 아니어도 된다. 아이는 아이의 시선으로 그림을 즐길 것이다.

3) 최대한 한적한 시간을 확보하기 위해 평일 낮 시간을 이용한다.

   : 아무래도 아이들은 키가 작다 보니 성인의 등판에 시야가 가려져 즐겁기보다 답답한 시간이 될 수도 있다.

   : 사람이 많다고 알려진 전시의 경우에는 때때로 학교에 현장학습을

신청하고 가보자. 가끔 엄마의 이런 과감한 이벤트가 아이에게 큰 즐거움이 되기도 한다.

: 월요일에도 오픈하는 전시인 경우에는 월요일을 활용해 보자. 월요일에 휴관하는 경우가 많아서 그런지 월요일이 한산한 경우가 종종 있다.

4) "미술관 데이트"라는 이름으로 엄마도 아이도 평소보다 깔끔하게 차려입고 나선다. 설렘이 플러스되는 효과가 있다.

5) 미술관에 사물함이 있는 경우라면 가방이나 외투는 보관하고 입장한다.

: 미술관 내부는 공기의 흐름이 없어 답답한 경우가 생기는데, 덥거나 몸이 불편해지면 아이가 점점 힘들어한다. 아이가 힘들어지면 서로 괴로워지는 상황이 생기니 가능한 몸을 가볍게 하고 관람을 시작하는 것이 좋다.

6) 미술관에서의 매너를 미리 알려준다.

: 뛰어 다니거나 큰 소리로 떠들지 않는 것은 기본.

: 그림 가까이에서 손가락으로 직접 가리키지 않도록 하자. 뒤에서 같은 작품을 보고 있는 사람의 감상에 방해가 된다.

: 작품 코 앞까지 가서 그림을 보지 않도록 하자. 약간의 거리를 두어야 작품 전체를 더 잘 볼 수 있다. 재질이 궁금하거나 특별한 경우라면 얼른 보고 빠지기로 하자. 그림 전체가 가려져 이 또한 다른 사람의 감상에 방해가 된다.

7) 관람 전에 마음에 드는 작품을 하나 골라보자고 미리 이야기한다. 전시관에서 나와 서로 고른 하나의 작품에 대해 얘기하는 것이 전시 전체에 대해 이야기하는 것보다 더 쉬울 때

가 있다.

8) 가르치는 시간이 아니라 즐기는 시간으로 만들자.

: 그림을 보면서 엄마가 가진 지식으로 가르쳐주고 싶은 것이 생긴다. 아이가 엄마의 설명을 즐긴다면 좋지만, 그렇지 않다면 조금 참아보자. 자칫 미술관에 머무는 것이 지루한 시간이 되어버릴 수 있다.

9) 아이가 조금 크고 미술관 매너에 익숙하다면 미술관 입구에서 헤어져 각자 감상하고 출구나 아트샵에서 만나보자.

: 아이 성향에 따라 다르겠지만 초등 고학년이나 중학생 정도라면 가능하다. 엄마도 아이도 각자의 속도대로 자유롭게 감상할 수 있다.

10) 기념품 샵에서 굿즈 하나 정도(엽서나 책갈피 등)는 구입해서 기념하자.

: 시간이 지나고 전시를 기억하는 데 굿즈 하나가 생각보다 한몫하는 경우가 많다. 위 7)번에서 말했듯 마음에 드는 작품에 대해 이야기한 후, 그 작품을 굿즈로 구입할 수 있다면 이야기가 더 잘 이어질 수 있다.

11) 전시를 보고 난 후에는 달콤한 디저트 타임을 갖는다.

: 지나고 생각해 보니, 아이가 엄마의 취미를 함께 하게끔 포섭하는 데 이 시간이 큰 역할을 해준 것 같다.

취미가 무엇인지에 따라 상황이 달라질 수 있겠지만, 부모의 모든 욕구를 잠귀두는 희생은 아이도 원하지 않을 것이다. 팔십 평생을 그렇게 살아오신 내 엄마의 삶을 보면서 그런 생각이 들기도 했다. 나의 욕구도 조금씩 챙겨보자. 아이와 함께 오래오래 마주 웃을 수 있도록, 엄마가 (아빠가) 웃는 순간들을 결코 놓치지 않기를 바란다.

열여덟 살이 된 안이의 후기

안: 미술관에 사람 많으면 진짜 힘들었어. 지금도 그렇고.

화: 그건 엄마도 그래.

안: 평소보다 깔끔하게 입고 나서는 게 나한텐 좀 컸어. 이 날만큼은 꾸미는 날, 그런 기분 좋았어. 특별한 날인 것 같은 기분도 들고. 그리고, 이 중에서 친구랑 미술관 갈 때도 하고 있는 건 7번. 보고 나와서 밥 먹으면서 얘기하고 그래.

화: 친구랑 그런 대화가 잘 돼?

안: 응, 주로 그런 대화가 되는 친구랑만 가서 그런가(웃음).

#11

아이와 미디어 마주하기

한창 뽀로로를 즐겨보던 그 아이가 벌써 열여덟 살이 되었다. 10년도 더 된 이야기지만 아이에게 뽀로로를 보여 줄 때 지켰던 규칙에 대해 정리해본다. 아이를 미디어 앞에 어떻게 세울지에 대한 고민은 어느 세대 부모에게나 공통인 것 같다.

"바보상자."

이전 세대 어른들은 아이들이 TV를 그만 좀 봤으면 하는 마음에 TV에게 이런 별명을 붙여주었다. 덩달아 TV 를 많이 보면 바보가 된다는 말을 진리인 양 내뱉었다. 하지 만 요즘은 양육자들로부터 아이가 짧은 영상들 대신 차라리 TV 프로그램을 봤으면 좋겠다는 말을 듣는다. 그 이유로, 차분히 앉아서 프로그램 하나를 보지 못한다는 것이다. 본 다 하더라도 정속도로 보지 못하고 1.5배속이나 2배속으로 급하게 보는 경우였다. 또 다른 이유로는, 아무래도 방송은 조금은 걸러질 수 있으니 안심이 된다는 것이다. 그리고, 상식이라도 쌓을 수 있는 것 같다는 이유 등이다. 바보상자로 불리던 TV가 이런 말을 듣는다면 쾌재를 부를 일이다. 요즘은 TV보다 더 막강한 바보상자가 아이들의 삶에 깊숙이 들어와 있다. 아예 아이들의 손과 눈에 딱 달려붙어 있다. 잠들 때조차도 손 안에 있으니 아이들이 스마트폰에 과몰입하게 될 수밖에 없는 상황이다.

아이가 뽀로로나 타요를 보던 무렵 우리 집엔 규칙이 있었다.

첫째로, 영상을 "보기 전"에 몇 편을 볼 것인지 정했다.

영상이 시작된 이후에 "이것까지만 보자"는 이미 늦은 타이밍이다. 아이는 이미 영상 속에 들어가 뽀로로와 한창 놀고 있는 중이라 엄마의 말이 들리지 않는다. 반드시 영상을 시작하기 전에, 아이와 눈을 맞추고 분명하게 정해야 한다. "우리 ㅇㅇ이 오늘 뽀로로 이야기 몇 개 볼 거야?"

상황에 따라 달랐지만, 최대한 많이 보여주더라도 10여 분짜리 영상 세 개는 넘지 않도록 했다. 가능한 10여 분짜리 영상을 선택해서 영상이 끝나면 아이가 화면에서 고개를 돌려 엄마를 보도록 했다. 아이는 다음 영상을 틀어달라는 의미로 고개를 돌리는 것이었지만, 다음 영상이 시작되기 전 짧게라도 아이의 머릿속을 환기시켜 주고 싶었다. 영상이 나오는 화면은 아이 손이 닿지 않는 곳에 두었고, 아이 스스로 화면을 조작하는 것을 최대한 늦추었다.

에피소드 여러 개가 이어져 있는 영상인 경우라면 양육자가 정확한 타이밍에 종료시켜야 한다. 에피소드 하나가 끝나고 이어서 새로 시작되는 패턴을 어린아이들도 너무나 잘 알고 있다. 다음 영상이 시작되고 기대감이 올라간 이후에 꺼버리는 것은 어린아이에게 너무 가혹하다. 보기로 한 만큼의 영상이 끝나면, 양육자가 예외없이 정확하게 끝내는 것이 중요하다. 약속된 것과 상관없이 상황에 따라 더 보여주거나 덜 보여주는 일이 잦아지면 아이가 떼를 쓰게 될 수밖에 없다.

둘째로, 특별한 일이 없다면 아이와 영상을 같이 보았다.

프리랜서로 일하던 시기였기에 가능했을지도 모르겠다. 내가 아이와 같이 볼 수 있는 시간에만 영상을 보았다. 파트타임으로 와서 아이를 봐주시는 분께도 힘드시겠지만 영상을 보여주지 않기를 부탁드렸다. 다행히 아이와 산책을 하거나 장난감과 책을 가지고 놀아주시는 좋은 분을 만났다. 곁가지 이야기지만, 그분은 음치임에도 아이에게 노래를 정말 많이 불러주셨는데 특히 옷에 단추를 채워주며 항상 불러주신 노래가 있다. 그분과 헤어지고 한참이 지난 어느 날 아이가 단추를 만지작거리며 그분과 똑같이 노래를 흥얼거렸다. 틀린 음을 그대로 따라하는 것이 귀여워 많이 웃기도 했지만, 양육자가 얼마만큼의 영향을 주는지 생각하게 되는 일이었다.

아이와 영상을 같이 보면 공통의 관심사가 생겨서 좋았다. 어린아이와 할 수 있는 대화에 한계를 느낄 수밖에 없는데 그런 면에서 뽀로로는 꽤 자주 도움이 되었다. 아이가 뜬금없이 뽀로로 얘기를 간단한 몇 단어로 해도 무슨 말인지 찰떡 같이 알아듣는 상황이 여러 번 있었다. 같이 보지 못한 아빠는 전혀 알아들을 수 없어 어리둥절했던 것을 보면서 이점을 확실히 알 수 있었다. 그리고, 아이들을 대상으로 건전하게 만들어진 영상에는 메시지가 있다. 친구와 사이좋게 지내야 한다든지, 건널목으로 길을 건너야 한다든지. 실제 건널목을 건널 때 뽀로로 이야기를 꺼내어 설명해주면 아이가 더 잘 받아들였다.

요즘은 아주 가끔이지만 아이가 좋아하는 아이돌의 영상을 같이 보기도 한다. 그러다보면 어떤 점 때문에 그 그룹을 좋아하는지 조금 이해가 되기도 하고, 이야깃거리가 생기기도 한다. 설령 좋아하는 이유가 납득이 되지 않으면 어떤가. 사랑하는 아이를 위해 아이돌 무대 영상 하나 같이 보는 것이 뭐 그리 어려운 일인가. 그러다보면 사춘기에 접어든 자신을 이해하려는 양육자의 노력에 아이가 고마움의 눈빛을 보내오기도 한다.

할머니 할아버지들이 아직 말도 못 하는 손주가 두

손가락을 벌려 스마트폰의 화면을 키우고 다시 오므리며 화면을 축소하는 것을 보고 깜짝 놀라며 좋아하시는 모습을 종종 본다. 하지만 짧게라도 유아교육을 공부한 사람의 입장에서 그런 모습에 마음이 편치 않은 것이 사실이다. 당연한 말이지만 최대한 늦게, 최대한 짧게 보게 하는 것이 최상의 방법이다. 화면을 조작하는 놀라운 능력은 최대한 늦게 가질 수 있도록 하자. 어쩔 수 없이 보여주는 상황이 생긴다면 어른 손에 쥐고 아이 손에 넘겨주지 않도록 하자. 함부로 조작해서는 안되는 것이라는 인식을 가질 수 있도록 거리를 유지하는 것이다. 미디어를 이용해서 양육자가 휴식을 갖고 싶은 마음도 충분히 이해하지만, 미디어의 도움은 최대한 늦춰보자.

안이가 처음 스마트폰을 사용한 것은 열두 살부터였다. 그전에는 열 살 무렵부터 키즈폰을 사용했는데, 이 때부터 충전은 무조건 안방에서 하기로 원칙을 정했다. 키즈폰 시작부터 그렇게 했더니 스마트폰으로 바뀌어도 잠들기 전에 아이는 안방 충전기에 꽂고 가는 것이 자연스럽게 이어졌다. 그러다 18세가 되는 해부터 자기 방에 충전기를 넣어주었다. 물론 그 사이 밤에 몰래 가져가서 보다가 들켜서 서로 감정이 상하는 일들도 있었다. 하지만 밤 늦게 이어진 스마트폰 사용이 다음날 컨디션에 지장이 크다는 것을 스스로 느끼고 난 후부터는 그런 일이 거의 일어나지 않았다.

아이가 스마트폰 속 세상으로 빠져들기 전에 다른 즐거움을 경험하게 해주는 것이 중요하다. 대단한 놀잇거리가 아니더라도 일상 중에 놀이로 자연스럽게 이어질 수 있어야 한다. 아이가 스마트폰이 손에 없는 시간을 힘들어하지 않게 준비시켜야 한다. 몸을 움직이고 말을 하고 상호작용을 하는 자발적인 놀이라면 뭐든 좋다. 가만히 앉아 시신경을 통한 자극만 주는 놀이에 빠져들기 전에 말이다.

참고: 3~9세 어린이는 하루 평균 4시간 45분 동안 미디어를 이용하는 것으로 조사됐다. 특히 만 3~4세의 이용 시간은 4시간 8분으로 세계보건기구(WHO)의 권고기준인 하루 1시간의 4배 이상인 것으로 나타났다. (한국언론진흥재단, 2020)

 열여덟 살이 된 안이의 후기

안: 맞아, 엄마가 같이 아이돌 영상 봐주는 거 고마웠어. 내가 좋아하는 걸 엄마한테 공유했는데 엄마가 리액션이 좋으면 괜히 뿌듯해.

화: 리액션이 안좋으면?

안: 아, 리액션은 무조건 해줘야지~~

#12

기다릴 줄 아는 아이

"기다림이 없는 사회", "기다림이 어려운 아이".

이런 류의 기사 제목은 최근 심심찮게 볼 수 있다. 떠올려보면 최근만의 일은 아니다. 오래전부터 이런 이슈가 있어왔지만, 최근 기사의 다른 점은 대부분 스마트폰 사용에 원인을 둔다는 것이다. 실제로 많은 아이들이 스마트폰을 사용하게 되면서 같이 놀아줄 양육자나 친구를 기다릴 필요가 없어졌다. 심심해야 할 시간이 사라져 버렸다. 그렇다면, 일상에서 아이에게 스마트폰을 쥐어주기 전에 아이의 "기다림력(力)"을 키울 수 있도록 나는 무엇을 했나? 기억을 더듬어 정리해 본다.

"엄마, 나 심심해!"

고백하자면, 아이가 어릴 때 이 말이 왜 그리도 무서웠는지 모르겠다. 지금 뒤돌아보면 그렇게 무서워할 것도 아닌데, 그때는 아이의 심심함이 내 책임인 것만 같았다. 유치원에서 집으로 돌아와 숨쉬듯 가볍게 내뱉는 그 말을 나는 무겁고 크게 받았다. 심심함을 덜어주기 위해 만들기든 그리기든 놀이 하나를 끝내고 한숨 돌릴라치면 여지없이 그 말이 들려왔다. "심심해."

　　그럼에도 혼자만의 시간이 꼭 필요할 순간에는 삼키지 않고 아이를 설득했다. "엄마도 같이 놀고 싶은데, 지금은 엄마가 할 일이 있어서 안이가 혼자 좀 놀면 좋겠네"라거나 "엄마가 조금 쉬어야 할 것 같은데, 안이가 뭐 하고 놀면 좋을지 루루(아이의 오래된 인형 친구)랑 이야기해볼래?" 엄마의 상황을 있는 그대로 알려주고, 아이에게 주도권을 넘기면 아이가 더 조르다가도 어느새 혼자 놀고 있는 순간이 찾아온다. 물론 매번 상황이 쉽게 넘어가는 것은 아니지만 조를 때마다 아이가 원하는만큼 놀아줄 수는 없는 일이다. 이런 상황을 통해서 상대의 시간을 존중하고 기다리는 경험을 하게 되는 것이다.

　　아이가 심심하다고 할 때마다 스마트폰을 건네주면 상황은 쉽게 해결되겠지만, 기다림력을 키워줄 기회가 사라진다. 양육자가 아이에게 스마트폰을 허락하겠다고 마음을 먹으면 처음부터 규칙을 잘 설정하는 것이 중요하다. 또한 양육자가 먼저 규칙을 철저히 지키도록 노력하는 것이 더욱 중요하다. 아이가 어릴 때는 양육자가 규칙을 정하고 알려줘야 하지만, 아이가 크면서는 함께 규칙을 정하는 것이 중요하다. 본인의 의견이 받아들여져야 지킬 마음도 생긴다. 아이가 스마트폰을 보는 시간을 규칙적으로 기다리는 것 또한 기다림력을 키울 기회가 될 수 있다.

즐거움을 위해 수고롭게 기다려야 하는 것도 가르치자.

아이가 여덟아홉 살 무렵, 놀이공원에 갔던 날이다. 그전까지만 해도 아이가 어리니까 당연히 줄 서서 기다리는 것은 부모의 몫이었다. 외동이다 보니 부모 둘 중 한 명은 놀이기구를 태우기 위해 줄을 서고, 나머지 한 명은 가까운 벤치에서 아이와 쉬고 있었다. 그러다 그 날은 문득 그동안 하지 못했던 생각을 하게 되었다. 아이도 이제 많이 자랐는데, 이렇게 놀이기구를 타는 방식이 맞는 걸까. 그리고는 그 다음 놀이기구를 타기 전에 엄마의 생각을 말했다. 정확한 기억은 나지 않지만, 더운데 엄마나 아빠 혼자 줄 서지 말고 같이 이야기하면서 순서를 기다리자는 의미였다. 아이는 예상보다 더 쉽게 받아들였다. 사실 부모가 시도하지 않았을 뿐, 아이는 부모의 생각보다 이미 더 자라있다는 것을 느끼는 순간이 종종 있다.

아이와 함께 기다려야 하는 상황을 피하지 말자. 아이의 연령에 따라 무리되지 않도록 기다리는 법을 익히도록 하자. 양육자는 아이가 짜증 내는 상황을 최대한 피하고 싶은 것이 사실이다. 어른들에게도 기다리는 것이 결코 쉬운 일이 아니기에 아이의 짜증을 이해하지만 공동체에서 살아가려면 피할 수만은 없다.

　　기다림력 키우기를 이제 막 시작하는 단계라면 아주 간단한 것부터 시작하면 된다. 외출했다가 귀가한 후 엄마가 물 마시는 동안 기다린 다음에 물 마시기, 뽀로로를 볼 수 있는 시간까지 기다리기. 이와 같은 간단한 것부터 할 수 있다. 그리고 놀이터야말로 기다림력을 키우기에 제격인 장소다. 놀이터에서는 순서를 기다려야만 그네를 타고 시소를 탈 수 있다. 놀이터에서 양육자는 아이에게서 몇 발짝 떨어져서 있는 것이 좋다. 양육자가 바로 곁에 있으면 기다리기가 힘든 아이는 상황을 바꿔 달라고 계속 조를지도 모른다. <기다리는 것 = 힘든 것>이라는 공식이 만들어지지 않도록 해보자. 맛있는 것을 먹기 위해서 기다리는 것, 즐거움을 누리기 위해서 기다리는 것은 당연하다는 걸 알게 하자. 끝말잇기, 다섯 글자로 말하기처럼 도구가 필요 없는 놀이를 활용하는 것도 기다리는 시간을 단축시키는 데 도움이 된다.

　　온 가족이 스마트폰 없이 기다려보는 시간을 가져보면 어떨까. 영화관에서 좋아하는 애니메이션을 보기 위해 좌석에 앉아 기다리는 설렘, 팝콘을 사기 위해 줄 서서 기다리는 달콤함을 함께 눈을 맞추며 공유해보자. 시간이 지나고 그 영화를 떠올릴 때 기다리던 시간까지 함께 기억할 수 있다면 앞으로의 기다림도 즐거워지지 않을까.

열여덟 살이 된 안이의 후기

화: 너의 현재 기다림력은 어떤 것 같아?

안: 요즘에는 기다리는 일이 생기면 무조건 핸드폰을 보게

　돼. 근데 기다린다는 개념이 아예 없어진 것 같기는 해.

한눈파는 부모수업

<u>#13</u>
맘대로 데이

아이가 아홉 살 때였다. 이 시기에 나는 한창 아파트 내 작은도서관에서 자원봉사 중이었고, 덕분에 틈틈이 다양한 책을 꺼내볼 수 있었다. 또 이 시기는 아이와 사소한 부딪힘이 잦았던 시기이기도 했다. 도서관에 머무는 동안은 그림책이나 초등 저학년용 이야기책을 주로 읽었다. 앞서 언급했듯이 책의 주인공과 같은 또래에 있는 내 아이와 아이 친구들의 마음을 이해하는 데 꽤 도움이 되었기 때문이다. 그러다 만나게 된 책이 「맘대로 마을」(이환제 지음, 파랑새)이다.

주인공 대영이는 엄마가 정해준 학원 세 곳을 돌고 집에 오면 학습지 선생님이 기다리고 있고, 저녁을 먹은 후엔 학교 숙제, 학원 숙제에 마지막으로 엄마가 내민 책 한 권을 읽어야 잠자리에 들 수 있다. 어느 날 학원에서 돌아오는 길에 엘리베이터 안에서 맘대로 마을 초대장을 보게 되고 그곳에서 대영이가 겪는 이야기가 대략의 줄거리다. 처음엔 대영이의 엄청난 스케줄과 비슷한 일상을 살아가는 현실 속의 아이들을 안타까워하며 읽어갔다. 그리고 읽을수록 아이랑 같이 읽고 서로의 생각을 나눠보면 좋겠다 싶었다. 그렇게 해서 안이와 나에게 "맘대로 데이"가 만들어졌다.

　　이 날은 아이만 맘대로 하는 것이 아니라 나도 맘대로 하는 날이었다. 그렇다고 해서 두 사람 모두 엄청난 일탈을 할 만한 성격은 아니었다. 아이의 경우 하루에 하나만 먹기로 한 아이스크림을 두세 개를 먹는다거나, 숙제부터 해두고 노는 것이 아니라 맘대로 놀다가 숙제를 하는 식이었다. 나의 경우는 해야 할 일보다 하고 싶은 일을 먼저 하는 정도에 불과했다. 그럼에도 불구하고 이 날은 우리 두 사람에게 기대 이상의 해방감을 주었다.

　　우선은 마음대로 하기로 허용된 날인만큼 잔소리가 없었고, 잔소리가 없다 보니 부딪힘도 없었다. 부딪힘이 없다 보니 아이와 얼굴을 마주하며 이유 없이 히죽거리는 순간이 많았다. 신기한 건 엄마의 잔소리가 없어도 아이의 하루는 별탈 없이 잘 마무리된다는 것이었다. 단순하게 아이와의 부딪힘을 피해보고자 따라해본 하루가, 잔소리의 무쓸모에 대한 가르침을 주었다. 그럼에도 불구하고 잔소리를 완전히 멈추지는 못했지만, 이 사실을 알게 된 후의 잔소리 방식은 확실히 달라졌다.

성장 축하 통장

또 한 번의 3천 원 입금.

아이가 여덟 살 때 만들어 열여덟 살이 된 지금까지 유지해오고 있는 <성장축하통장>에 또 3천 원이 쌓였다. 아이가 처음으로 성취하는 경험이 생기면, 그것이 처음으로 혼자 등교하는 것처럼 아주 사소한 것이더라도 기록으로 남기고 싶었다. 어떤 방법이 좋을까 하다가 어디선가 들었던 기억이 떠올라 3천 원씩 입금을 시작했다. 입금 내역에 짧게라도 기록을 남기기로 했다. 그렇게 쌓아온 아이의 티끌 같은 성취가 이제 제법 큰 금액이 되고 소중한 기록이 되었다.

아이의 성장 축하 통장 첫 기록으로는 "50m달리기 3등"이 쓰여있다. 초등학교 입학 후 첫 달리기의 기록이다. 그리고 이이서 "스스로아랫니뽑기", "혼자서처음샤워하기", "접영배우기시작"(입금 내역에 최대 글자 수가 정해져 있어 이렇게 띄워쓰기 없이 기록되어 있다) 등이 쓰여있다. 가끔 아이의 역사가 필요할 때 통장 내역을 들여다보면 그때 그 당시 아이의 모습을 희미하게나마 떠올려 볼 수 있다.

가장 최근 기록으로는 "검정고시올백재도전"이 쓰여 있다. 지난 4월 고졸검정고시 결과가 못내 마음에 들지 않았는지, 8월에 다시 시험을 치렀다. 거캠에서의 네 번째 학기에 들어서며 진로에 대한 생각이 좀 많아지는 듯 싶더니 대학에 진학할 경우를 대비하는 것 같았다. 미흡했던 세 과목만 준비해서 시험을 치르고 나오는 시간에 아빠의 지체 없는 입금이 이루어졌다. 3천원.

아이에게 이 통장을 슬그머니 내밀 그때가 언제일지, 아이의 어떤 도전에 건네게 될지 기대된다. 본인의 성장을 위해 용기낸 걸음을 응원하며 건넬 그때가 기다려진다.

 열여덟 살이 된 안이의 후기

안: 최근에 이 통장 목록 봤거든.
화: 최근에? 이걸 어떻게 봤어?
안: 아빠한테 받았지. 마음이 따뜻해지더라고. 그래서 핸
    드폰 사진첩에 지금도 보관하고 있어.

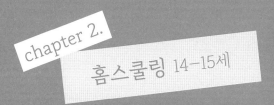

chapter 2.

홈스쿨링 14–15세

"아이와 함께 배우는 시간을 보내다"

#1

간절히 바라는 게 아니라면,

　　아이가 초등학교 2학년을 마무리할 무렵, 뜬금없는 생각이 들었다. '다들 학교에 보낸다고 단 한 번의 고민도 없이 아이를 학교에 보냈었구나.'

　　그리고부터 서서히 우리 부부는 대안적인 교육에 대해 생각해 보기 시작했다. 아이에게도 이해할 수 있을만큼 조금씩 다양한 교육 방식이 있음을 알려주었다. 당시 다니고 있던 학교와 같은 공교육, 다른 방식으로 배우는 대안학교, 학교에 가지 않고 배우는 홈스쿨링(당시에는 홈스쿨링을 이렇게 단편적으로 정의했다. 시간이 훌쩍 지난 후에야 그 의미를 재정리할 수 있었다.) 등이 있다고 말해주었다. 그 이후 초등학교를 졸업할 때까지 4년간 우리 가족은 이 세 가지 방식에 대해 자주 이야기했다. 때로는 자리잡고 앉아서 깊게, 때로는 지나가듯 얕게 이야기를 나눴고, 그러는 동안 아이의 생각은 수도 없이 바뀌었다. 처음에 아이는 익숙한 지금처럼 친구들과 계속 학교에 다니겠다는 말을 훨씬 자주 했다. 그러다 홈스쿨링에 대해 묻는 횟수가 잦아지면서 학교와 홈스쿨링 두 가지 선택지에서 계속 오갔다. 어렸던만큼 그 고민의 무게를 잘 못 느끼는 듯했다. 어떤 때는 오히려 즐기는 듯 보이기도 했다. 그러다 결정해야 하는 시기를 코앞에 둔 6학년이 되어서야 진지하게 고민했다.

　　　홈스쿨링을 선택하는 것에 있어서 주책임자인 우리 부부에게도 긴 고민이 필요했지만, 누구보다 아이의 의견을 우선했다. 그 한가운데 놓이게 될 아이가 그것이 무엇인지, 왜 하는지 알고, 선택하도록 도와주고 싶었다. 아직 어리기에 그 선택에 대한 책임은 아이가 가볍게 느끼도록 도왔다. 아빠 엄마가 함께 걸어가며 함께 감당한다는 것을 명확하게 알려주었다. 6학년 1학기가 마무리될 무렵에 아이는 홈스쿨링으로 마음을 정했고, 졸업할 때까지 그 생각은 확고했다. 그 때문이었는지 아이는 마지막 6학년 시기를 어느 해보다 적극적으로, 즐겁게 지낸 것 같다.

　　　2020년 아이는 열네 살이 되었고 홈스쿨링이 시작되었다. 우리가 함께 계획했던 홈스쿨링의 시작은 거창했다. 시간에서 자유로워진만큼 여행을 좋아하는 우리답게 더 여행에 집중하기로 했고 4월이면 떠날 첫 여행을 기다렸다. 4월 중순부터 5월 중순까지 한 달간의 유럽여행이었다. 각자 가고 싶은 나라나 도시를 선택하고 그곳에서의 스케줄도 각자 계획했다. 최근 3,4년간을 해리포터 덕후로 살아온 아이는 망설임 없이 영국으로 정했고, 대부분의 계획은 역시나 해리포터와 관련된 곳들이었다. 대자연을 사랑하는 남편은 아이슬란드, 독일에 관심을 갖기 시작한 나는 베를린을 중심으로 한 일정들이었다. 비행기 티켓부터 각 도시의 숙소, 해리포터 스튜디오 예약까지 모든 준비를 완료하고 이제 더디 오는 출국일만 기다리면 되는 상황이었다. 그러나 우리의 기대를 저버리고 코로나19 바이러스가 전세계를 덮어버렸다. 펜데믹이라는 누구도 어쩔 수 없는 이유로 그 모든 것을 취소해야 했고, 여행뿐 아니라 홈스쿨링의 방향을 다시 찾아야 했다. 홈스쿨링을 계획하면서는 누구도 상상조차 해보지 못한 상황에 혼란스러워 하며 홈스쿨을 시작했다. 사람들을 만나며 배움을 이어가려 했던 상상은 멈추고 할 수 있는 것들을 새로이 찾아야 했다.

홈스쿨링의 시작을 알리는 아이의 초등학교 졸업식 날. 유럽행 비행기가 아닌 가평으로 향하는 자동차를 타고 "홈스쿨 입학 여행"을 시작했다. 한적한 숲속 독립된 숙소에서 이틀 간의 여유를 가지며 홈스쿨링에 시동을 걸었다. 완전히 새롭게 시작하면서 무엇을 하고 싶은지, 무엇을 해야 할지, 무엇을 할 수 있을지 종이에 써 내려가며 그에 대한 이유들도 함께 적어보았다. 여러 가지를 썼지만 서두르지 않고 계속 수정하며 가보기로 했다.

지난 4년간의 준비기간에 책이나 인터넷을 통한 방

대한 자료조사, 홈스쿨링 가정을 직접 만나기, 관련 기관 찾아보기 등과 같은 열심은, 거의 없었다. 서너 권의 책을 찾고 그 중 두 권은 셋이 같이 읽고 약간의 검색을 통해 알아본 것이 전부였다. 100인 100색, 각 가정마다 모두 다른 홈스쿨링을 하고 있다는 것이 더 이상 자료를 찾지 않은 이유였다. 각자 홈스쿨링을 통해 원하는 바가 다르다는 것을 알게 된 후로 우리는 우리의 그림을 그리는 것에 집중했다. 아이뿐 아니라 우리 가족이 모두 좋아하는 것은 무엇인지, 잘하는 것은 무엇인지에 초점을 맞추었다. 그렇게 많은 대화로 소통했기에 첫 여행 계획은 어그러졌어도 우리는 잘해나갈 수 있으리라 생각했다. 하지만, 문제는 예상치 못한 곳에서 터졌다.

4년간 우리 부부는 무슨 대화를 나누었던가. 남편과 나는 둘 다 이상적인 편이었고 아이의 대학 진학은 우리에게 중요 사안은 아니었다. 그저 아이가 배움에 대한 즐거움을 찾는 것을 돕고, 교과 학습은 자신만의 속도와 방법을 찾도록 돕자는 것으로 의견이 일치했다. 하지만 그 속도를 찾아감에 있어 생각의 차이가 있을 줄은 몰랐다. 남편이 생각한 속도는 그야말로 아이가 스스로 하고 싶을 때가 올 때까지 제한 없이 기다리는 것이었고, 내가 생각한 속도는 아직은 모든 것에 주체적이기는 어리므로 약간의 간섭이 필요하다는 것이었다. 그로 인해 우리 부부에게는 전에 없던 큰 말

다툼이 이어졌고 우리 안에서는 해답을 찾을 수 없다는 것을 알았다. 다행히 알고 지내던 자녀 양육 전문가 부부의 도움으로 겨우 진정을 찾았고 서로 다시 스텝을 맞춰보기로 하였다.

이 과정에서 알게 된 것은, 우리가 홈스쿨링을 준비하며 나눴던 대화에 현실감이 부족했다는 것이었다. 아이를 키우는 것에 이상을 가지고 그것을 나누는 것은 매우 중요하다. 끊임없이 이어져야 할 대화다. 하지만, 그에 못지않게 현실적으로 맞닥뜨릴 부분에 대한 자세한 대화가 필요했다는 것이다. 그리고 홈스쿨링을 시작한 이후에도 이유와 목적에 대해서 부모와 아이가 꾸준히 생각하고 수정하는 대화가 중요하다.

부부의 부딪힘뿐 아니라, 아이와의 사소한 부딪힘도 잦았다. 우리 가정의 경우 홈스쿨링의 중심에 아이와 엄마가 있었는데, 그렇다 보니 대부분 그 둘의 부딪힘이었다. 하지만 시간이 지나면서 이 또한 과정이라는 생각이 아이에게도 내게도 공유되었고, 가족 모두 처음 겪는 상황이기에 서로 이해되는 부분도 있었다. 부딪히고 화해하고 다져지는 일상이 반복되면서, 부모와 아이 사이에 그동안 쌓아온 신뢰가 얼마만큼인지 여실히 드러나는 것이 홈스쿨링이겠구나 싶었다.

그렇게, 우리의 홈스쿨링이 시작되었다.

#2
아이와의 갈등을 견딜 수 없다면,

    홈스쿨링을 시작하기 전 주변 사람들이 힘들지 않겠냐고 자주 물어왔다. 그럴 때마다 "난 내 생활을 할 거야. 아이는 큰 흐름만 같이 의논해주면 알아서 할 수 있을 거라고 생각해"라고 대답했다. 시간이 지나면서 이것은 어마어마한 착각이라는 것을 알게 되었다.

    홈스쿨링의 주체는 아이고, 우리 부부는 옆에서 지지해주고 가이드하며 아이가 요청할 때만 도와주면 된다고 생각했다. 하지만 홈스쿨링의 주체는 아이"만"이 아니었다. 아이가 더 이상 등교를 하지 않기로 한다는 것은 생각보다 가족 전체에 큰 변화가 요구되었고, 구성원 모두 주체가 되어야 했다.

    온 가족이 아이를 중심으로 움직여야 한다는 의미는 아니다. 하지만 가족 모두의 기본적인 생활방식부터 크게 달라져야 했다. 아이가 있는 곳이 집인 동시에 학교라는 생각을 하니, 내 생활에도 제대로 된 규격이 필요했다. 하루의 시간을 사용하는 데 책임감이 조금 더 생겼다. 또한 아이에게 얼마만큼의 자율이 적절하고 부모의 개입은 얼마만큼이 적절한지 수시로 고민하게 되었다. 예를 들어, 아이가 하루 일정을 계획하고 본인에게 맞는 생활 패턴을 찾아가던 경우가 대표적이다. 아이마다 차이가 있겠지만, 안이의 경우 자신의 패턴을 찾아 안착하는 데 오랜 시간이 걸렸다. 우리는 그동안 기다리며 때로는 모른 척 때로는 아는 척해야 하는 타이밍을 구별해야 했다. 아이와 같은 집 안에 있으나 아이에게 향하는 안테나를 접는 것도 쉽지 않은 과제였다. 그 외에 식사 준비와 정리하기 등과 같은 세세한 것도 아이와 의논하며 당번을 정해야 했다.

홈스쿨링을 하면서 아이에 대해 그동안 몰랐던 부분을 알게 되는 경우가 종종 있었다. 그중에 하나는 내가 생각했던 것보다 더, 더, 더 느긋한 아이라는 것이었다. 생활 패턴을 찾아가는 동안 아이의 느긋함이 어찌나 답답하던지 참지 못하고 버럭한 순간이 한두 번이 아니었다. 하지만 그런 와중에도 없는 의지를 끌어모아서라도 지켜야 할 것이 두 가지 있었다.

첫째로, 아이도 선택한 이 길에 대해서 잘해보고 싶은 마음이 있다는 것을 잊지 않기. 두 번째로, 대부분의 사람들이 가지 않은 길을 선택했으니 남들 보기좋은 결과를 내놓아야 한다는 욕심 내려놓기. 나도 모르는 사이 높아지는 기대치를 수시로 깎아내면서 아이를 향한 믿음을 지키는 것이 가장 에너지를 쏟아야 할 부분이었다.

아이의 느긋함 외에도 의외의 모습을 만나거나 예상하지 못한 상황이 불쑥불쑥 튀어나오기도 했다. 그럴 때면 얼마만큼의 개입이 필요한 것인지가 늘상 어려운 숙제였다. 대부분의 경우 한발짝 뒤로 물러나기를 선택한 날 서로 웃으며 마무리되었고, 참지 못하고 개입한 날은 역시나 하루의 마무리가 개운하지 않다. 적응하기까지 쉽지 않았지만, 더 대화하고 더 도전하는 가족이 되어간다는 것이 홈스쿨링의 큰 장점이었다. 그리고 아이는 수동적인 학교생활보다 스스로 하루하루를 책임지는 것에 미약하게나마 연습이 되어가고 있었다.

"함께 있는 시간이 긴 만큼 아이와 다투는 횟수도 더 많지 않아?"라는 질문에 '음…' 생각해본다. 초반에는 정말 그랬다. '차라리 매일 학교 보내고 (부모에겐 단점이라고 생각되는 아이의 모습을) 안보는 게 낫지.' 했던 때가 한두 번이 아니었으니까. 하지만 앞에서도 말했듯 그 기간 또한 필요한 과정이었고, 그 과정을 지난 지금은 오히려 서로를 이해하는 방법을 찾은 것 같달까. 얼마 전 아이가 문득 그런 말을 했다. "엄마, 내가 엄마 존경하는 거 알아요?" 사랑 고백은 자주 하지만 이런 류의 고백은 잘하는 편이 아니어서 놀라 물었다. "몰랐지. 근데 쑥스럽지만 어떤 면이 존경스러운지 궁금한데?" "엄마는 삶에서 균형을 맞추려고 노력하는 모습이 참 보기 좋아요." 이 말을 듣는데 코끝이 시큰하면서 우리가 함께했던 시간 동안 내가 못난 모습만 보인 게 아니구나 싶어 안도감이 들었다.

#3
부모가 변하기 싫다면,

      아이가 초등 저학년 때 있었던 일이다. 아이는 학교에 가고 한참 뒤, 같이 학교에 가있어야 할 신발주머니가 현관 앞에 그대로 놓여있는 걸 보게 되었다. 아이가 다니던 학교는 실내화가 없을 경우, 교실과 복도는 물론 화장실까지 양말만 신은 채로 다녀야 했다. '학교에서 곤란할 텐데 어쩌지?' 하는 걱정에 신발주머니를 들었다 놓았다 반복했지만, 결국 가져다주지 않는 것으로 결정했다. 준비물을 하나씩 빼먹는 일이 잦은 아이를 위해서 내가 해줄 수 있는 것은 참고 기다리는 것이었다. 대부분 육아 문제의 해결책은 부모의 기다림이 아닐까 한다.

      다른 날보다 아이의 하교시간이 기다려졌고, 어떤 표정으로 들어설지 걱정이 되었다. 하지만, 엄마의 괜한 걱정이었다고 말해주듯 하교하고 돌아오는 아이의 표정에는 어떤 그늘도 없었고 오히려 웃는 얼굴이었다. 가방을 푸는 아이에게 나는 실내화 없이 괜찮았냐고 물었고 아이는 그 즐거운 표정의 이유를 풀어놓았다. 교문에 들어서고 나서야 손이 빈 것을 알았고 다시 집에 갔다오기에는 모자라는 시간이었단다. 아이는 교실로 들어가자마자 재활용함을 뒤져 실내화를 대충 만들었다. 마분지 위에 발을 대고, 그대로 그려 오리고, 그것을 슬리퍼처럼 발바닥에 붙여서 신었던 것이다. 아마 투명 테이프로 덕지덕지 붙였던 모양이었다. 그 종이 실내화 덕분에 친구들과 오히려 재미있었다고 전해주는 아이의 이야기를 들으며 남편이 자주 하던 말이 생각났다. "도움을 요청하기 전에 미리 도와주진 말자."

엄마라는 역할의 특징인지 나의 성향인지 모르겠지만, 아이의 필요를 미리 알아채고 곤란을 겪지 않게 챙겨주고 싶은 안테나가 늘 세워져 있다. 그 안테나를 접는 것은 결코 쉬운 일이 아니다. 하지만 일상의 사소한 것에서부터 문제 해결 능력을 키워주자는 남편의 말이 옳다는 것을 알기에 지금도 여전히 미리 챙겨주지 않도록 참는 중이다.

홈스쿨링을 할 때 부모 두 사람의 비슷한 힘이 필요하다. 주양육자 혼자서도 중심을 잘 잡을 수 있으리라 생각하지만 중심을 잃는 것은 한순간이다. 중심을 잃고 기울어진 채 아이를 가이드하다가 한참 후에 바로잡기는 쉽지 않다. 그래서 서로의 양육에 대한 코멘트가 부부에게 필요하다. 단, 아주 조심스럽고 존중을 담은 대화여야 한다.

미리 챙겨주지 않기만큼 힘들었던 것은 아침잠 참기였다. 이전의 나는 그 무엇을 준다 해도 망설임 없이 아침잠을 선택하는 사람이었다. 아이가 학교에 다닐 때는 어쩔 수 없이 일어나 챙겨 보낸 뒤에 꼭 다시 누워 짧은 30분이라도 뒤늦은 아침잠을 채웠다. 하지만 아무리 아침잠을 사랑한다 하더라도 홈스쿨링을 시작한 이상, 5분 더 자고 싶은 유혹을 매일 아침 이겨내야 했다. 우리 부부는 아이가 어릴 때부터 말로만 아이에게 지시하지 말고 생활로 보여주자는 원칙을 중요하게 생각해 왔다. 그러하기에 홈스쿨링 중인 아이를 두고 나만 다시 이불 속으로 들어갈 수는 없었다. 아이는 아이대로 홈스쿨에 '등교'해서 스케줄을 시작하고, 남편은 남편대로 회사에 출근해서 주어진 일을 감당하고, 나는 나대로 개인적인 일정을 감당하는, 삼박자가 맞는 그림을 그리고 싶었다. 각자 역할은 다르지만 하루를 보낸 후의 뿌듯함을 가지고 저녁에 만나서 웃고 떠드는 그림을 떠올리는 것이 아침잠을 이겨내는 동력이 되었다.

홈스쿨링 초기에 아이는 자신에게 맞는 생활 패턴을 찾아보느라 여러 시도를 했다. 느지막이 일어나서 느지막이 잠드는 패턴으로 살아보기도 하고, 일찍 일어나서 일찍 잠드는 패턴으로 살아보기도 했다. 오전 내내 책을 읽고 오후에 검정고시 준비를 해보기도 하고, 일어나서 바로 공부를 시작하고 오후를 자유롭게 보내기도 했다(코로나로 인해서 바깥 활동은 운동, 도서관, 서점 정도로 국한되어 있었다). 느지막이 일어나서 하루를 시작하는 패턴으로 지내는 기간에는 나도 내심 좋았다. 아쉽게도 아이는 하루가 금방 가버리는 느낌 때문에 결국 그 패턴을 선택하진 않았다.

다양한 시도를 거치고 느긋한 본인의 성격에 맞춰 결국 정착한 오전 생활 패턴은 이러했다. 7시 40분을 기상 시간으로 정하고 스스로 일어나서 홈스쿨 등교 준비를 하고, 아침 식사 준비를 돕고, 여유롭게 식사한 후 양치를 하고 책상에 앉으면 9시. 그런 다음 수학 수업을 시작했다(수학 수업에 대한 내용은 이 책의 <공부 잘하는 부모여야 한다?>에 정리되어 있다).

아이의 오전이 이렇게 정리된 덕분에 나의 기상 시간도 7시 40분으로 정착이 되었다. 아이보다 더 일찍 일어나지는 않더라도 아이보다 늦게 일어나지 않는 것으로 나름의 규칙을 정했다. 같은 시각에 일어나 아이와 함께 아침 식사를 준비했다. 어쩔 수 없이 시작한 규칙적인 생활이었지만 체력뿐 아니라, 시간 사용에 있어서도 많은 변화를 가져다주었다. 어쩌면 홈스쿨링의 가장 큰 수혜자는 아이보다 내가 아닌가 싶다. 홈스쿨링 덕분에 새롭게 시작할 하루에 대한 기대감을 가지게 되었다.

열여덟 살이 된 안이의 후기

안: 내가 그때 아침을 일찍 시작해서 아쉬웠음?

화: 알잖아, 엄마 아침잠 많은 거. 너무 아쉬웠지. 솔직히 네가 조금 늦게 일어나길 바랐는데 말이야.

안: 나는 일찍 자고 일어나는 게 제일 좋던데, 해 뜨면 일어나야지.

화: 요즘에 아침마다 일어나기 힘들어하는 너한테 듣기는 영 안어울리는 말이네.

안: ......

#4

하지만 너무 비장하지 않게 선택하기

우리가 홈스쿨링을 선택할 수 있었던 이유 중 하나는 너무 비장하지 않았기 때문일 것이다. 선택을 고민 중이던 시기에 만났던 홈스쿨러 부부가 해준 말이 있다. 신중한 고민 끝에 홈스쿨링을 선택하더라도 다시 학교로 돌아가는 것에 대해서 너무 무겁게 생각하지 말라는 말이었다. 덕분에 선택에 좀더 용기를 낼 수 있었다. 이 말이 내게 힘이 된 만큼 나도 홈스쿨링을 고민하는 부모에게 이 말을 전해주고 있다. 거기에, 단기간에 결정하지 말고 오랫동안 다각도로 생각해 보라는 말을 꼭 덧붙인다.

어떤 선택을 하든 놓치게 되는 것은 반드시 있다. 안이만 보더라도 홈스쿨링을 선택한 탓에 학교에서 기본적으로 배우는 시나 시인, 클래식 음악 등에 대해서 모르는 부분이 많다. 반대로 자신이 관심 있는 분야에 대해서는 학교에서 배우는 것보다 조금 더 깊이 안다. 또, 학교에서 제공하는 체험들이 있다. 친구들과 그 체험에 함께할 순 없지만 홈스쿨에서 가족과 함께할 수 있는 체험이 있다. 이처럼 또래 아이들이 학교에서 배우는 교과 내용이나 그 시기를 놓치고 싶지 않다면 홈스쿨링을 선택하는 것을 좀더 미뤄두어야 할 것이다.

멋진 풍광이 펼쳐진 곳으로 여행을 가서 이동하다 보면 내가 고개를 돌리지 못한 방향에서 놓치고 지나가는 다른 풍광이 분명히 존재한다. 그렇지만 우리가 아쉬워하지 않는 이유는 내가 선택한 쪽의 풍광을 보는 것만으로도 만족하기 때문이다. 교육 방식을 선택하는 것뿐 아니라 인생에서 만나는 대부분의 일들도 같은 이치일 것이다. 내가 선택한 것을 잘 누리는 것이 또한 현명한 선택이라는 것을 우리는 이미 알고 있다. 계속해서 선택하지 않은 쪽에 미련을 둔다면 어떤 아름다운 풍광도 온전히 누리지 못할 테니까.

공교육이든 대안교육이든 홈스쿨링이든 신중하게 선택하자. 다만 너무 비장하지 말자. 아름다운 풍광만 계속될 것 같았던 길이 끝나고 예상과 달리 자갈밭이 이어진다면 얼른 차를 돌려 다른 길을 선택하는 것은 자연스러운 일이니까.

#5

집안일도 함께

      아이를 키우면서 육아서나 부모교육서에 관심이 많았다. 한 권 한 권 읽어가면서 욕심내지 않고 '이 책 속에서 단 한 줄만 내 것으로 만들자!'를 목표로 했고, 그 덕에 책과 현실의 차이에서 크게 스트레스를 받지 않았다. 내게 필요한 내용 한 줄만 선택하니 비교의 여지도 없었다. 사실 저자가 아이를 키운 경험은 대부분 특별해서 비교할 엄두도 낼 수 없었다. 그 무렵 우리 가족의 가치관에 맞는 강사에 한해 부모교육 강의도 적지 않게 들었는데 그중에, 유독 선명하게 '단 한 줄'을 새겨 준 강의가 있었다. <진로와 소명 연구소> 정은진 소장의 강의였다.

      가족은 한 팀이고 부모와 아이 모두 팀의 멤버이며, "우리 팀"이 잘 굴러갈 수 있도록 서로 북돋우며 각자의 역할을 감당하는 것이 필요하다고 했다. 이 강의를 들은 날 이후로 내 머릿속에 저장된 그 단 한 줄 아니 한 마디는 가족에 대한 새로운 정의, "팀(team)"이었다. 이 한마디는 지금까지도 선명하게 가지고 있는 개념이다.

　　　일상에서 아이와 어렵지 않게 팀워크를 만들어 낼 수 있는 것이 집안일이다. 집안일은 아이의 성별과 상관없이 배워야 할 중요한 부분이라는 생각을 평소에도 가지고 있었다. 홈스쿨링 중에 아이가 우리 팀에서 맡았던 부분을 정리하면,

· 매일 아침 식사 준비: 빵 굽기와 테이블 세팅을 담당했다.
· 매일 아침 식사 설거지: 가장 적은 분량의 설거지가 나오는 끼니로 정했다.
· 주말 아침 식사 준비: 아빠와 아이 둘이서 준비했다.
· 자기 속옷과 양말 세탁: 세탁부터 제자리 찾아 넣기까지 전 과정을 스스로 했다.
· 장을 본 후 무거운 짐 나눠 들고 올라오기: 같이 장을 보러 가는 경우가 점점 줄어들면서 아이는 장을 본 후 아파트 주차장 도착 시간에 내려와 같이 장바구니를 날랐다. 가족 모두를 위한 장보기에 부분적으로라도 함께 감당하자는 의미였다.

　　　미리 약속된 것은 이 정도이지만, 이 일들에 익숙해진 후로는 '집안일은 엄마 몫'이라는 개념에서 점점 '할 수 있는 사람이 하는 것'으로 변했다. 현실적으로 입시 위주로 자라는 아이들에게 팀 멤버로서의 역할을 감당하게 하는 것은 쉽지 않다. 학교, 학원에서 모든 에너지를 쏟고 지쳐 귀

가하는 아이에게 팀원으로서의 할 일을 하게 하는 것보다 좀 더 쉽게 해주고 싶은 것이 부모 마음일 것이다.

주변 부모들과 대화를 하다 보면 "쟤가 뭘 할 줄 안다고~"라는 말을 어렵지 않게 들을 수 있다. 하지만 누구나 그렇듯 처음이라 서툴 뿐이다. 그 서툴고 느린 것을 "못한다"라고 해석하지 않고 꾸준히 할 수 있도록 기다리는 것이 부모의 역할이다. 아이가 처음으로 사과를 깎겠노라고 했던 날이다. 엄청난 과육이 잘려나가고 과도를 잡은 손이 불안해서 보기 있기가 쉽지 않았다. 망설여졌지만 다음 날 아침에도 과도를 맡겼다. 하는 아이도 서툴고 맡기는 부모도 서툴다. 서로에게 연습할 시간이 필요하다.

어떤 시각으로 보느냐에 따라 집안일은 하찮은 일로 여겨질 수 있지만, 이것은 우리가 살아가는 데 기본이 되는 일이다. 아이가 집안일을 배워가는 시간은 결코 사소한 것이 아니다. 깨끗해진 자신의 양말을 널고 개면서, 자신의 수고가 보탬이 되는 것을 느끼면서, 아이에게는 자신의 삶을 꾸려가는 작은 책임감이 쌓여가고 있을 것이다.

열여덟 살이 된 안이의 후기

안: 맞아, 팀이라는 얘기 엄마가 진짜 많이 했어.

화: 많이 했어? 많이 한 줄은 몰랐는데, 엄마가 어떨 때 했어?

안: 주로 잔소리할 때 팀이라는 말을 많이 했지.

화: 아, 그래?(웃음)

안: 덕분에 나 설거지는 진짜 잘해. 지난번에 학교에서 애들이랑 경주 갔을 때 내가 설거지는 맡아서 했어.

#6
공부 잘하는 부모여야 한다?

　　홈스쿨링을 시작한 지 1년이 지날 무렵, 우리집 오전 수업은 아이와 엄마가 함께 하는 수학이었다. 홈스쿨링이라고 하면 일반적으로 떠올리는, 엄마가 가르치고 아이가 배우는 식은 아니었다. 선생님은 화면 속 EBS 인강 선생님이었고 학생은 엄마와 딸이었다. 테블릿을 세워두고 둘이 나란히 앉아 강의도 보고 문제도 풀었다. 인강은 40분 분량이지만, 문제마다 멈춰가며 각자 미리 풀어본 후 선생님의 풀이 과정을 보느라 한 시간 반 정도 걸렸다. 그렇게 오전 수학 수업이 끝나면 엄마는 자신의 일로, 아이는 복습 문제 풀기로 각자의 시간이 이어졌다.

　　이 풍경이 만들어지기까지 많은 시행착오가 있었다. 이 방법을 찾은 후 두 사람 모두 만족도가 높았다. 처음엔 같이 해보자 하고서도 귀찮다는 생각이 앞섰지만 막상 수업을 시작하고 시간이 지날수록 문제를 푸는 재미가 쏠쏠했다. 심지어 학생 시절에 느끼지 못하던 학습 성취감을 느낄 정도였다.

이 방법에 만족도가 높았던 중요한 요건은 나의 수학 실력이었다. 중고등학생 시절의 나는 이름하여 수포자였다. 두어 시간을 예습한 것도 수업을 시작하고 얼마 지나지 않아 다음 단계로 지나가버려 좌절했던 기억이 있다. 그런 수학 실력이 오히려 아이의 홈스쿨링에 도움이 될지는 꿈에도 생각하지 못했다. 아이와의 수학 시간, 문제를 풀다가 막히는 부분이 생길 때면 엄마와 아이 중 더 잘 이해한 사람이 서로 가르쳐주었다. 이럴 때 엄마는 아이에게 배우는 것을 부끄러워하거나 모르는 것을 아는 체 하지 않는 것이 중요했던 것 같다.

이 방법을 쓰기 전에는 아이가 혼자 강의를 듣고 풀어둔 수학 문제집을 채점해주고, 어떤 류의 문제를 어떤 식으로 틀리는지 체크해주는 방식이었다. 아이가 틀린 문제 중 이해가 되지 않는 문제는 풀이를 보고 설명해주기도 하고, 늦은 시각 퇴근하고 온 아빠 찬스를 쓰기도 했다. 하지만 아빠 찬스는 몇 번 쓰지 못했다. 아빠의 퇴근 시간쯤이면 아이는 이미 하루 일과를 끝내고 한참 쉬던 중이라 다시 수학책을 펼치게 하는 건 잔인한 일이었고, 퇴근하고 온 아빠에게도 피곤한 일이었다.

아이가 풀어둔 문제를 체크하는 것은 어쩔 수 없이 수직적일 수밖에 없는 구조였다. 더군다나 비슷한 부분에서의 연이은 실수를 보게 될 때는 감정 조절이 어려워 더더욱 고압적인 시간이 되었다. 문제집을 붙들고 언성이 높아지는 일이 잦아지면서 아이는 점점 더 수학을 싫어하게 되었고, 결국에는 엄마 몰래 답지를 보고 쓰는 일이 생기고 말았다. 그 당시에는 거짓말을 했다는 실망감에 아이에게 소리를 치고 불같이 화를 냈다. 그리고 아이방에서 나와 시간이 한참 흐르고 나서야 마음을 추스를 수 있었다. 정신을 가다듬고 우리가 지금 하고 있는 것이 "홈스쿨링(ing)"임을 생각했다. 급할 것 없는, 속도 조절이 얼마든지 가능한 홈스쿨링이 "진행 중"인 것을 생각했다. 그 일을 계기로 우리는 다시 수학 공부법을 고민했다. 공부 분량도 대폭 줄이고, 엄마도 같이 공부를 해보기로 결정하게 되었다. 이쯤에서 답지 보고 쓰기 사건이 있던 시기의 수학 공부에 대한 설명이 필요하겠다.

학원의 도움을 원하지 않았던 아이는 여러 번 수학 공부 방법을 바꾸었다. 일주일에 3일, 인강 2개씩을 얼마간 공부하다가, 매일 하루에 한 강씩으로 방법을 바꾸어서 공부했다. 그러다 다시 일주일에 이틀만 수학을 하고 싶은데, 그날은 종일 수학만 해보겠다고 했다. 수학을 워낙 싫어하던 시기라 역효과가 날 것이 예상되었지만 별말 없이 그렇게 두었다. 그리고 며칠 지나지 않아 그 사건이 일어나고 만 것이다.

그 덕분에 아예 다른 방법이 필요하다는 것을 알 수

있었다. 우리는 진지하게 의논했고, 아이는 진도를 빨리 나가는 것이 중요하지 않다는 것을 알게 되었다. 조금씩 배우더라도 제대로 알고 넘어가는 것이 중요하다고 몸소 느낀 아이는 하루에 1강씩 같이 해보자고 했다. 또한, 이런저런 방법으로 공부하는 동안 아이에게는 수학에 대한 부정적인 감정이 쌓인 상태였다. 즐겁게 공부하는 방법을 모색하다가 당분간 엄마가 짝꿍이 되어보기로 한 것이다.

매일 오전 나의 시간을 투자해야 한다는 크나큰 단점이 있었지만, 이 방법으로 공부를 시작한 이후에 발견하게 되는 장점들이 그 단점을 쉬이 덮고도 남았다. 가장 큰 장점은 그전에 수학 공부로 인해 감정이 좋지 않았던 아이와의 관계가 오히려 수학으로 인해 더 돈독해졌다는 점이다! (이런 일이 가능할 줄이야!) 어려운 문제를 비슷한 타이밍에 풀고 서로의 연습장을 확인하는 순간, 같은 답이 쓰여있을 때의 희열! 쉬운 문제임에도 단순한 계산 실수로 나온 엄마의 오답은 아이에게 묘한 기쁨을 주기도 했다. 한 문제 한 문제 함께 고민하고 풀어내며 하이파이브를 나누던 기억은 아직도 미소를 짓게 한다.

홈스쿨링을 시작하면서 내 시간과 아이 시간을 독립적으로 구분할 수 있으리라 기대했던 것에 비하면 정말 많은 시간을 함께 보냈다. 하지만 이런 시간들이 주는 예상치 못한 즐거움으로 인해 독립된 시간에 대한 아쉬움은 없었다. 머지않아 아이와 함께할 시간이 확연히 줄어들 생각을 하면 함께 수학 문제를 풀고 있는 시간조차도 오히려 즐거웠다. 영 답답할 땐 없는 스케줄을 만들어 혼자 있는 시간을 가지면서 균형을 잡기도 했다.

 열여덟 살이 된 안이의 후기

안: 아주 엄청난 희열이었죠! 내심 엄마가 틀리길 바랐다고.

화: 그랬단 말이지. 근데 엄마가 안틀리면?

안: '아. 역시…' 했지.

화: 틀리면?

안: 엄마가 틀리면 보통 나도 틀렸는데, 엄마는 틀리고 나만 맞출 경우에는 성취감이 두 배였달까!

#7
아이의 사회성에 대한 걱정

홈스쿨링에 관해 가장 많이 받는 질문은 "아이 사회성은 어떻게 해요?", "친구가 한창 중요한 나이인데 괜찮을까요?"다. 이 질문을 하는 사람의 표정에는 대부분 걱정이 묻어있었다. 하지만 우리 부부는 이 부분에 대한 걱정은 홈스쿨링 이전에도 이후에도 거의 하지 않았다.

딱히 대책을 마련해 둔 것은 아니었다. 단지 믿는 구석이라면 초등학교 6년 동안 만나온 친구들이 있었고, 홈스쿨링을 하면서 오히려 다양한 연령대의 친구를 만날 수 있지 않을까 하는 기대도 있었다. 그리고 학교에 다니더라도 대부분의 아이들이 그 많은 아이들과 관계를 맺기 보다는 소수의 친구들과 관계를 맺는다는 것을 알았기 때문이기도 했다. 하지만 우리 부부의 생각과 다르게, 홈스쿨링을 결정하기 전 아이는 걱정을 하고 있었다. 아이의 그런 마음을 전혀 모르고 있다가 다행히도 알게 된 계기가 있었다.

123

chapter 2. 홈스쿨링

초등학교 5학년 때 아이는 홈스쿨링보다 일반 중학교에 진학하는 쪽으로 마음이 기울어져 있었다. 그해 여름 방학 중 "최인아 책방 어린이 책 읽기 프로그램"에 참여하게 되었다. 평소 친하게 지내는 지인이 책을 좋아하는 안이에게 잘 맞을 것 같다며 정보를 주었다. 처음엔 편도 한 시간 삼십 분 거리를 다닐 자신이 없어 시큰둥했다가 그 프로그램의 선생님이 임하영 작가라는 사실을 알고는 망설임 없이 신청했다. 홈스쿨링에 대해 알아보던 중에 한 팟캐스트를 통해 알게 된 작가였다. 학교에 전혀 다니지 않고 책과 여행 등으로 연결된 다양한 만남을 통해 생각의 힘을 키워온 홈스쿨러이기도 했다. 그런 과정이 우리가 추구하는 홈스쿨링과 결이 비슷해서 계속 그의 행보에 관심을 가지고 있던 터였는데, 직접 만날 기회가 되었던 것이다(프로그램 당시 그는 스무 살 정도였던 것 같다).

4회에 걸친 책 읽기 프로그램을 끝낸 후 부모도 함께 참석하여 이야기를 나누는 시간을 가지게 되었는데, 그때 아이가 손을 들어 이런 질문을 했다. "학교를 안 다녔는데 외롭지는 않았나요?" 아이가 손을 들 때까지 그런 질문을 할 줄은 전혀 몰랐기에 놀란 상태로 그의 답변을 들었다.

"아, 저는 친구가 꼭 나이가 똑같아야 한다고 생각하지 않아요. 학교를 다니지 않은 덕분에 나이가 많으신 분부터 저보다 어린 동생까지 다양한 친구가 생겼고 저는 그것이 더 좋았습니다." 삶이 녹아들어 확신이 느껴지는 답변이었다. 홈스쿨러의 삶을 직접 살아온 선배의 답변은 힘이 있었고, 그 확신은 아이의 마음에도 제대로 가 닿은 것 같았다. 집으로 돌아오는 지하철에서 "임하영 선생님이 그렇게 대답해줘서 좋았어"라고 말하는 아이의 표정에서 충분히 감지할 수 있었다.

초등학교 졸업 이후에 선택한 길이 다르다고 해서 그동안 이어져온 친구 관계가 뚝 끊어지지는 않는다. 아직 꾸준히 연락하는 친구도 있다. 물론 학교에서 또래들과 온몸으로 겪으며 다져가는 사회성도 있겠지만 학교 밖에서도 새로운 관계를 맺으며 얼마든지 그것을 만들어갈 수 있다고 생각한다. 이 또한 선택이고, 각자 만나는 대상이 달라질 뿐이다.

모든 아이들이 같은 나이에 같은 것을 겪지 않아도 된다. 이것은 우리 가정의 홈스쿨링 전반에 흐르는 기본적인 생각이기도 하다. 모두 같은 나이에 대학생이 되고 같은 나이에 취업을 하는, 어쩌다 정해진 이 사회의 속도를 가능한 모른 척하고 싶다. 그 속도에 비교해서 아이의 속도가 늦어지면 초조해지는 불필요한 조급함을 굳이 가져오고 싶지 않다. 홈스쿨에서 사회성뿐 아니라 학습, 사회의 편견, 진로 등 걱정할라치면 한두 가지가 아니다. 어떤 방향이든 우리가 하는 선택을 더 믿으려 한다. 선택을 믿고 서로를 믿고 아이를 믿으며 간다면 선택한 길 앞에 놓이는 걱정이 한결 가벼워질 것이다.

열여덟 살이 된 안이의 후기

안: 전에도 엄마한테 말한 적 있는 것 같은데, 오히려 홈스
    쿨링을 해서 사회성이 좋아진 것 같아, 나는.

화: 맞아, 말한 적 있어. 오늘 한 번 더 얘기해주라.

안: 산책도 하고, 혼자만의 시간이 충분했지. 그때가 자아
    가 확립될 시기잖아.

화: 그렇지.

안: 그 시간 덕분에 사람을 대하는 데 있어서 '쟤는 쟤', '나
    는 나'가 되는 것 같아. 나한텐 그게 좀 크거든. 그래서
    사회성에 더 도움이 된 거라고 할 수 있지.

한눈파는 부모수업

#8

Think Week

공부를 왜 해야 하는지 그 의미를 부모가 찾아 먹여
줄 수 없기에, 아이 스스로 조금씩이나마 알아가기를 바
라는 마음이 늘 있었다. 그래서 해보게 된 것이 "Think
Week". 빌 게이츠처럼 철저히 혼자서 외딴곳에 있게 해줄
수는 없지만 최대한 독립적인 환경을 확보해주려 했다.

홈스쿨링을 시작하고 1년 정도 지났을 무렵, 여전한
코로나로 인해 다른 공간을 찾아 다양한 것을 직접 배운다
는 건 쉽지 않았다. 그래서 검정고시에 우선 집중을 하기로
했지만 책상 앞에 앉아 강의 영상을 보고 있는 아이에게서
의미 없는 표정을 보게 되었다. 고민을 거듭하다가 마침 남
편도 재택근무 중이던 날 긴급 가족회의를 제안했고 거실에
모여 앉았다. 아이는 공부하는 것이 지루하고 의미가 없으
니 책상에 앉아 딴 생각을 하는 시간이 많다고 고백했다. 아

이의 이야기를 들은 남편은 빌 게이츠가 매년 두 번씩 가졌다는 "Think Week"를 소개했다. 그에게는 자신과 마이크로소프트의 미래를 위한 시간이었을 테지만 그 시간의 알맹이는 각자 선택하기 나름, 우리는 '배움'에 대해 정해진 틀없이 생각해 보는 일주일을 갖기로 결정했다. 이번을 시작으로 아이가 원한다면 정기적으로 이런 시간을 가져보기로 했다. 이처럼 자유롭게 멈출 수 있다는 것은 홈스쿨링의 큰 장점이다.

단 한 번의 "Think Week"로 배움의 의미나 정답을 찾으라는 건 전혀 아님을 강조해주었다. '생각'에 집중하는 시간을 갖는 것 자체에 의미를 두자고. 이런 시간이 겹겹이 쌓이다 보면 언젠가는 의미 있는 배움이 무엇인지, 공부를 왜 해야 하는지 알게 되는 때가 오지 않을까 말해주었다. 그리고 시작된 첫 "Think Week". 그 기간 동안 부모가 해야할 가장 중요한 일은 뒹굴뒹굴 노는 것처럼 보일지라도 느긋하게 생각 중일 거라고 믿고 참는 일이었다.

처음 이삼일은 혼자 서점과 도서관에 가서 책을 찾아보기도 하고, 집에 있는 책을 꺼내 읽어보기도 하고, 거실 창 앞에 놓인 생각하기 좋은 의자에 한참 앉아있기도 하는 등 의욕 있는 모습을 보였다. 그러다 점점 지루해하는 모습을 보이더니, 나흘째 되는 날 아이는 결국 생각은 이쯤 하고 다시 공부하면 안 되겠냐고 물어왔다. 전혀 예상치 못한 반응이었다. 아무것도 하지 않아도 되니 마냥 좋아할 거라

한눈파는 부모수업

고 생각했고, 마냥 빈둥거려도 기다려줄 준비를 단단히 하고 있던 참이었다. 아니나 다를까 아이는 '배움'에 대해서만 생각하려니 일주일이 너무 길다는 피드백을 주었다. 그래서 이왕 특별하게 보내보기로 했으니 공부는 쉬고 읽고 싶은 책을 읽으면서 첫 번째 "Think Week"를 마무리하자고 했다.

성향과 연령에 따라 "Think Week"가 될 수도, "Think Day"가 될 수도, "Think Time"이 될 수도 있겠구나 싶었다. 중요한 건 한 가지 생각에 여유를 가지고 집중해보는 것이다. 이 시간이 그대로 버려질지, 어떤 거름이 되어줄지는 아무도 모를 일이지만, 어떠하든 아이의 삶에 긍정적인 영향이 되어주리라 믿는 한 걸음이었다.

아이의 허락을 받아 그때 작성했던 아이의 후기를 수정 없이 덧붙인다.

"드디어 한 주 간의 think week가 마무리되었다. 이 특별했던 일주일을 살면서 '생각'을 참 많이 했던 거 같다. 많은 생각을 따라가다 '생각'에 대해 생각해 보았다. 생각은 '움직임'인 거 같다. 짧게는 내 몸부터 시작해서, 크게는 이 사회까지. 이런 중요한 일을 충분히 할 시간이 있었어서 감사했다.
이번 한 주는 '배움'에 대한 내 시선을 움직여 보기로 했었다. 사실, 모든 사람의 바람 중 하나가 아닐까? 바로, 배울 점이 많은 사람이 되는 것 말이다. 감사하게도 내 주변에는 배울 점이 많은 스승님들이 참 많다. 나도 그분들처럼 되려면 우선 많이 배워야 한다는 것을 알게 되었다.

무엇인가를 배우지 않으면 하루하루가 허무하게 지나가는 듯했다. 배움을 다시 시작할 내일을 기다리기도 했다. 무언가 할 일이 있다는 것은 기쁜 일이다.

마지막으로 많은 생각을 할 수 있도록 이번 think week를 제안해준 우리 아빠 엄마께 감사하다. 두 분은 내게 가장 많은 가르침을 주신 두 번 다시 만나지 못할 스승이다." (2021.1.31)

9

홈스쿨링, 여행으로 채우고 싶었다
(아이와 함께하는 여행 tip 9)

앞서 한 달간의 여행으로 홈스쿨링의 시작을 준비했다는 이야기를 썼다.

아이가 돌이 되기 전부터 함께 가까운 곳으로 여행을 다니기 시작했고, 지인들로부터 "아이가 기억할만한 무렵부터 여행 다니라"는 말을 들어도 꿋꿋이 여행을 다녔다. 어디서 무엇을 봤는지 아이가 기억하는 것보다 아이와 우리 부부의 마음에 쌓이는 그 무엇이 중요했다. 그렇게 다니다 보니 매월 1회 이상은 여행을 했다. 펜데믹이 시작되기 전까지.

1년에 한 번은 꼭 '긴 여행을 가자' 해서 최대한 휴가를 끌어모아 2주 여행을 한 번씩 했다. 물론 경제적인 부담이 없지 않았지만, 행복을 미래에 두지 않고 현재를 선택했다. 아이의 사교육을 최대한 줄여 운동 학원 하나 정도로 유지하고 거기서 아낀 돈을 여행에 쏟았다. 거의 국내 여행이었고, 삼시세끼 맛집을 찾는 넉넉한 여행은 아니었지만 여행의 여운은 넉넉했다.

결혼 전부터 여행을 즐기는 두 사람이 만난 것은 아니었다. 그럴만한 형편도 전혀 아니었다. 그러다 결혼을 하고 아이가 생기기 전, 결혼 1주년을 앞두고 우리는 덜컥 유럽 여행을 계획했다. 한 달간의 유럽 여행을 위해 남편은 회사를 그만두었다. 그리고 회사를 그만두면서 생긴 퇴직금이 우리의 여행 자금이 되었다. 짧다면 짧은 한 달이었지만, 지금까지도 우리 두 사람에게 귀한 밑거름이 되어주고 있다. 때때로 꺼내어보는 맛이 세월이 지날수록 깊고 은근하다. 그 여행 전후의 우리를 비교해 보면 그 여행이 우리의 삶을 바꿔놓았다고 해도 과언이 아니다. 그 여행을 통해서 여행만이 줄 수 있는 배움과 희열을 알게 되었고 아이를 다르게 키우고 싶은 생각이 시작된 것 같다. 문제집 한 권을 끝내는 것보다 긴 여행 한 번이 주는 배움을 알게 되었다.

우리 가족은 여행 일정을 아이와 함께 의논한다. 아이가 가고 싶은 곳이나 하고 싶은 것을 일정에 포함시키려 한다. 그러다 아이가 직접 계획을 해보기도 했는데, 초등 4학년 때가 시작이었다. 제주로 열흘간 여행을 가면서 3일씩 나눠서 일정을 맡았다. 매해 제주 여행을 다니던 터라 아이에게 익숙하기도 했고, 제주는 아무리 멀리 가더라도 거리가 한정되어 있으니 아이의 계획대로 다닐 수 있을 거라 생각하고 맡겼다. 그런데 의외로 아이는 우리가 묵을 게스트 하우스의 위치를 물어보더니 태블릿에 지도를 띄워놓고 어지간한 거리에 있는 곳들로 여행지를 정했다. 포스트잇을 이용해서 여행을 떠나기 전까지 수정을 거쳐 목적지뿐 아니라 이동 거리 상에 있는 식당까지 정했다.

아이의 일정대로 움직인 날은 신경 써서 리액션을 해줄 필요가 있었다. 아이는 열심히 준비한 일정이 혹시나 엄마 아빠에게 실망스러울까 봐 내심 신경을 많이 쓰고 있었다. 아이의 수고가 헛되게 느껴지지 않도록 우리는 진심을 담아 반응해 주었다. 물론 아이는 매여행마다 정성스럽게 일정을 계획하지는 않았고, 여행지가 정해지면 같이 그 지역에 대해 검색하고 의견을 내는 정도가 일반적이었다.

위 내용을 포함해 우리가 경험한 것 중에 아이와 함께 여행하면서 도움이 될만한 팁을 몇 가지 공유하려 한다.

tip 1 <함께 계획하기>
식당 한 곳이라도 아이가 선택한 일정이 있으면 아이가 조금은 더 여행에 적극적일 수 있다.

tip 2 <주제곡 정하기>
'그 여행'을 떠올릴 수 있을 만한 주제곡 정하기. 여행 중에 유독 자주 듣게 되는 음악(노래)이 생기거나 일부러 자주 듣기도 하며 주제곡이 탄생한다. 매 여행에서 주제곡이 만들어지긴 어럽지만, 일상을 지내다가 '그 음악'을 들으면 다 함께 '그 여행'을 떠올리게 되고, 그 순간 잠시 행복해진다. 가족 모두가 아는 곡이면 더 좋다.

tip 3 <폴라로이드 찍기>

여행 중에 딱 한 장의 폴라로이드 사진을 찍는다. 여행을 대표할 수 있을만한 장소를 선택하는 것이 좋다. 날짜와 간단한 메모를 써서 집 안의 정해진 곳에 이 사진들을 걸어두면 오가며 여행을 추억할 수 있어 좋다.

tip 4 <초성 퀴즈>

주로 여행을 다녀온 직후 다 함께 식사하는 자리가 좋다. 시간이 오래 지나면 기억이 잘 나지 않아 게임에 흥미가 떨어지기도 한다. 여행에서 돌아오는 차 속에서도 좋지만 운전하는 가족 멤버의 적극적인 참여가 어려울 수도 있다.

· 게임 방법:

정한 순서대로 이번 여행에 관련된 것에 대해서만 문제를 낸다. 예를 들면, "ㅎ,ㅁ,ㅌ"이라고 문제를 내고, 맞추기 어려워하면 하나씩만 힌트를 준다. "여행 둘째 날에 관련된 거야", "아빠가 제일 좋아했어", 그래도 모르면 "이번 여행에서 가장 맛있었던 메뉴야~" 그 정도면 답이 나온다. "아, 해물탕!"

정답을 맞추는 재미도 있지만, 그 단어를 외치거나 듣는 동시에 그 시간이 떠오른다. "우리 그 식당 찾아가느라 골목을 헤매고 그랬잖아." 이런 짧은 대화로 이어져 잠시 같이 웃을 수도 있다. 맞춘 사람이 다음 문제를 내기도 하지만, 아이가 맞추기 어려워할 나이라면 순서대로 돌아가며 하는 것이 좋다.

tip 5 <스티커 붙이기>

전국 지도를 구입해서 다녀온 지역을 표시한다. 스티커를 붙이거나 색을 칠하며 지도를 채워가는 재미가 있다. 붙이다 보면 스티커가 허전한 지역이 보인다. 그렇게 되면 다음 행선지를 정하는 데 도움이 된다. "우리 이제 ㅇㅇ 지역 쪽으로 좀 가야겠네"라는 아이의 제안을 기대해볼수도 있다.

tip 6 <짐 싸고 풀기는 다 함께>

짐을 싸고 푸는 것은 생각보다 큰 일인데다 귀찮은 일이다. 가족 중에 한 사람이 이 귀찮은 일을 전담하게 되면 지속적으로 여행 가기가 어려워진다. 아이가 어릴 때는 식구들의 슬리퍼를 챙기는 한 가지 임무만 맡겼다. 이름하여 "신발 담당". 긴 여행이나 바닷가로 여행을 가는 경우 슬리퍼를 챙겼는데 아이는 여행용 신발주머니에 가족들의 슬리퍼를 챙겨 넣었다. 집으로 돌아올 때도 아이가 책임지고 신발을 챙기도록 했다. 그리고 어느 정도 크면서는 여행 체크 리스트를 공유해서 같이 챙기고, 짐을 풀 때는 자기 짐 위주로 정리를 한 뒤, 먼저 정리를 끝낸 사람은 공동의 짐을 정리한다.

tip 7 <경제적으로 무리하지 않는다>

짐 싸고 푸는 것보다 여행을 지속할 수 있는 더 큰 요인은 경제적으로 무리하지 않기다. 우리 가족의 경우는 가능한 한 숙소는 여행지 근처에 있는 국립 자연휴양림을 이용한다. 숙소를 휴양림으로 이용할 때의 장점은, 비용뿐 아니라 상쾌한 숲에서의 산책이 수시로 가능하다는 것이다. 게다가 대부분의 숙소가 원룸이라 오랜만에 온가족이 한 방에서 지낼 수 있다는 것이 의외로 큰 장점이다.

긴 여행인 경우는 가능한 저렴한 숙소를 선택하고, 짧은 여행의 경우는 조금 여유있게 고르기도 한다. 식비에서도 절약하는데 아침 식사는 숙소에서 간단히 해결하고, 점심 한 끼는 지역 별미로 푸짐하게 먹는다. 저녁은 전통 시장에서 사온 먹거리 등으로 가볍게 숙소에서 해결한다. 이를 위해 여행 시에 늘 가벼운 장바구니 하나를 가지고 다니는데, 여행 첫 날 일정은 대부분 지역 시장이나 마트에서 장을 보는 것으로 마무리한다.

tip 8 <따로 걷기>

걷기를 좋아해서 여행 스케줄 중에 걷는 시간을 자주 갖는데, 열다섯 살 무렵 아이의 제안으로 각자 걷는 시간도 갖고 있다. 아이가 음악을 좋아하는 편이라 각자 준비해 간 이어폰을 꽂고 흩어져 걷다가 정해진 시간에 다시 만난다. 주로 바닷가에서 이런 시간을 많이 갖게 되는데, 멀리 떨어져 있어도 시야에서 사라지지 않는 장점이 있고, 파도 소리와 음악이 꽤 잘 어울리기도 한다.

tip 9 <책 이용하기>
학습 만화로 나온 「나의 문화 유산 답사기」를 아이가 재미있게 읽던 시기에 여행지 선택 방법이었다. 아이는 여행 지역에 대한 지식이 있는 상태에서 가는 경우 훨씬 적극적이고, 흥미있어 했다. 여행지에 그 책을 가져가서 다시 읽기도 했는데, 책 속에 그려진 곳과 같은 장소를 찾아가는 길은 힘든 여정도 훨씬 잘 참아냈다. 성산일출봉에서 김통정 장군의 발자국을 찾느라 힘든 것도 잊고 오르던 아이의 모습이 생각난다.

　　　물론 여행이 아이를 키우는 데 정답은 아니다. 왜 여행일까 고민했던 시기도 있다. 그러다 얻은 답 하나는, 여행을 자주 하다 보니 일상에서 여행을 느낄 수 있게 되었다는 것이다. 잠시 집 밖을 나가 시원한 바람이 불면 그런 바람이 있었던 여행이 떠오른다. 비를 보면서도 여행에서 보았던 비를 떠올린다. 잠시 집을 나온 것뿐이어도 그런 날은 괜스레 마음이 좋다. 일상이 고마워진다. 일상이 행복해지는 만큼 아이와 마주하는 얼굴이 더욱 밝아진다.

열여덟 살이 된 안이의 후기

안: 맞아, 신경써서 리액션 해 줄 필요가 있습니다!

화: 지금 나이에도?

안: 어릴 때는 지금보다 더 반응을 신경썼던 것 같긴 해.

　지금은 내 나름 즐길 수 있는 것도 생겼으니까 뭐.

화: 그래, 그럼 리액션 신경 안 쓰고 편하게 할게.

#10

홈스쿨링에 대한 아이의 답변

홈스쿨링 2년째였던 9월 어느 주말, 다니던 교회에서 "포스트 코로나를 맞이하는 우리의 자세"라는 주제로 ZOOM을 이용한 부모 교육이 있었다. 그 첫 시간으로 청소년 갭이어 <꽃다운 친구들> 이수진 대표의 강의가 있었는데, 강의 전에 공교육이 아닌 다른 길을 걷고 있는 세 아이의 인터뷰 시간이 있었다. 대안학교에 다니는 초등 저학년 아이, 중학교를 마치고 갭이어를 가지고 있는 아이, 홈스쿨링을 하고 있는 안이, 이렇게 세 명이었다. 당황스럽지 않도록 미리 질문지를 주셨고 아이들이 그에 대한 답변을 준비했는데 아래는 안이가 정리한 것이다. 아이가 입력한 날것 그대로의 답변이다.

Q. 홈스쿨링을 선택한 결정적인 이유

A. 사실 저에게는 '결정적인 이유'가 있을 만큼 그렇게 큰

선택은 아니었던 것 같아요. 엄마랑 학교와 홈스쿨링의 장단점 쓰기를 해 본 적이 있는데요, 장점의 개수는 학교와 홈스쿨이 비슷했지만 단점은 홈스쿨보다 학교가 더 많더라고요. 그게 홈스쿨 쪽으로 마음이 많이 기울었던 계기가 된 것 같습니다.

Q. 홈스쿨링의 장단점

A. 장점도 단점도 모두 '자유'인 거 같아요. 자유롭게 시간을 활용할 수 있기 때문에 원하는 것에 시간을 투자할 수 있는 반면에 자유로워서 가끔은 시간이 허무하게 흐르는 것처럼 느껴지기도 해요. 한마디로 양날의 검?

Q. 홈스쿨링을 고민하는 친구에게 해주고 싶은 말

A. 한 번 해보는 것도 좋은 것 같아요. 그리고 부모님이랑 사이가 좋은 게 정말 중요한 것 같아요. 같이 있는 시간이 많기 때문에 서로 커뮤니케이션이 잘 되어야 마찰이 줄어들거든요.

Q. 어떤 사람이 되고 싶은지

A. 믿을 만한 사람이 되고 싶습니다!!!!! 제 주변에 믿을 만한 사람들은 다 멋진 사람들이라서요.

인터뷰를 하지 않겠냐는 전화가 왔을 때 아이는 조금 부담스러워했지만, 결국 하기로 하고 준비했다. 아이는 최근 들어 선택을 해야 할 경우 자기만의 기준이 생겼다고 말했다. "나중에 '그때 할 걸 그랬다'라는 후회가 조금이라도 들 것 같으면 무조건 해보자"라는 기준으로 선택한다는 것이다. 그 기준 덕분에 아이는 인터뷰를 수락했고, 우리 부부는 객관적인 질문에 대한 아이의 정리된 생각을 들을 수 있었다.

다른 길을 가고 있는 가정의 이야기를 들어볼 기회는 여전히 우리 부부에게 공부가 된다. "그때 우리가 부모로서 좀 더 공부할 걸 그랬어" 하고 후회를 하게 될 것 같으면 나도 더 배우는 쪽으로 선택해 봐야겠다. 아이가 열여덟이 된 지금도 부모로서의 배움은 끝이 없다.

#11

엄마, 나 못 믿어요?

아이에게 간식을 주기 위해 노크를 하고 아이의 방문을 연다. 때마침 아이가 노트북 창을 바꾸는 중이거나 공부하는 과목을 바꾸는 중일 때가 있다. 하필이면 그 순간에 말이다.

문을 열기 직전까지 간식 접시를 든 엄마의 머릿속엔 눈빛을 반짝이며 열공 중인 아이의 모습이 선명하게 띄워져 있었다. 흐뭇한 노크를 하고 문을 열었는데, 순간 아이의 손이 움직이면 좀전까지 선명하게 떠올리고 있던 장면은 순식간에 사라진다. '지금까지 인강 안 듣고 인스타 하고 있었던 거야?', '방에 들어온 지가 언젠데 이제 공부를 시작하는 거야?' 최대한 눈빛의 흔들림을 들키지 않고 분위기를 파악해 보려 하지만 이미 아이는 엄마의 의심 가득한 눈빛을 감지한다. 그럼에도 아무 말하지 않고 간식을 두고 나온다면 성공적이라 할 수 있지만, (그러지 못했을 때의 상황과 비교하면 어설프게나마 성공이라 할 수 있다) 참지 못하고 속마음을 말로 내뱉어버리면 한순간에 분위기는 와장창 무너진다. 아이의 원망 섞인 눈빛과 동시에 억울함이 터져 나온다. "엄마, 왜 나 못 믿어요?!" 때에 따라 나의 반응은 두 가지로 갈린다. "엄마가 딱 보니까 지금까지 놀고 있었는데 뭘!" 하고 윽박지르거나, '아, 조금만 더 참아볼걸…' 하고 후회하거나 둘 중 하나다. 후자의 경우라면 그나마 어설프게라도 마무리가 지어지지만, 전자의 경우는 상황이 급속도로 나빠지고 아이도 나도 감정을 추스르는 것이 어려워진다.

홈스쿨링을 시작하고 중졸 검정고시를 준비하던 중에 가끔 일어났던 상황이다.

어지간해서는 화를 내지 않는 아이지만, 자신을 믿어주지 않을 때 아이는 크게 화를 냈다. 지금이야 그런 상황에서 아이의 말이 사실인지 아닌지 따지려 들면 상황이 급속도로 나빠진다는 것을 알지만, 그때는 반드시 사실을 밝히고야 말 거라는 생각뿐이었다. 열네 살이었던 아이가 실제로 거짓말을 했을 때도, 진실을 말했을 때도 있었을 것이다. 하지만 나는 사실과 상관없이 거짓말이라고 추측하다 못해 확신해 버리고, 아이는 억울해서 눈물이 터져 버린 날은 그간 쌓아온 신뢰에 금이 쩍 갈리지는 상황이 생기기도 했다.

전자의 경우든 후자의 경우든 중요한 것은 간식을 핑계로 감시하는 분위기를 만들어버린 게 어리석은 방법이었다는 것이다. 실제로 아이의 말이 사실이었던 날은 진심 어린 사과가 꼭 필요했다. 사과를 하고 나서도 미안한 마음은 쉬이 사라지지 않았다. 이런 시행착오를 거치면서 아이가 방에서 보내고 있는 시간에 대한 호기심은 많이 줄어들었다. 나는 나의 시간에 충실하면 그만이었다. 다만 가끔 잘되고 있는지 도움이 필요한 부분은 없는지 물어봐 줄 뿐이었다.

현재 2년째 거캠에 다니는 아이가 올해는 고졸 검정고시에 도전했다. 팀프로젝트에 검정고시 준비까지 쉽지 않았지만 본인의 방식대로 감당했다.

그때 내가 할 일은, 다시 아이의 방문 앞에 서서 먹음직스러운 사과를 들고 다른 마음을 가진 마녀가 되지 않는 것이었다.

#12
중등 졸업 검정고시 준비 과정

"기분은 어때?"

"좋아, 그동안 공부한 거 확인받으러 가는 느낌이야."

검정고시 고사장으로 가는 길에 아이와 나눈 대화다. 시험일이 다가와도 아이는 좀처럼 긴장하지 않았고 그저 조금 특별한 하루로 여기는 듯했다.

아이가 초등학교를 졸업하고 홈스쿨링을 시작하면서 검정고시는 우리에게 먼 이야기였다. 더군다나 그때는 아이가 원하면 다시 학교로 돌아갈 수도 있다는 여지를 두고 있었다. 넓은 의미의 "배움"에 중점을 두고 "학습"은 그 중에 일부로 생각했기에 아이의 책상 위에 학습에 대한 책은 중학교 1학년용 수학 교재 달랑 한 권이었다.

그 무렵 타이밍 좋게도 후원하고 있는 <사교육걱정없는세상>에서 수학 교재가 출간되어 그 책으로 수학을 시작했다. 하지만 혼자하는 홈스쿨러에게는 한계가 있는 교재라는 것을 인식하고 며칠 지나지 않아 다른 교재를 선택해야 했다(그 교재는 두 명 이상이 생각을 나누며 공부하기에 탁월하게 만들어져 있었다). 강의가 좋다고 소문난 <강남 인강>과 여러모로 쉽게 접근할 수 있는 <EBS 인강>을 모두 아이가 직접 들어보고 선택하기로 했다. 아이가 학교에 다닐 때도 자신이 공부할 문제집을 집 근처 서점에서 직접 보고 선택했던 것처럼 홈스쿨링 중 대부분의 선택도 아이가 하도록 했다. 문제집을 고를 때 아이는 내용보다는 본문의 디자인을 기준으로 삼거나 공부할 분량이 적은 것으로 고르긴 했지만, 그 또한 공부하는 본인에게 맞는 스타일을 찾아가는 연습이 되었기에 아이에게 선택을 맡겼다. 처음엔 <강남 인강>을 선택해서 수학 강의를 듣다가 한 단원 정도 마무리될 무렵 <EBS 인강>을 들어보더니 자기랑 더 맞는 것 같다며 정착하게 되었다(아이의 개인적인 성향으로 인한 선택임을 알려드립니다). 우리 부부는 중등 수학은 나중을 위해서라도 제대로 배우는 것이 좋겠다고 생각했기에 서두르지 않았다.

수학은 인강과 문제집으로 해결하고, 영어는 소통이 더 중요하다 생각했기에 입시 준비용보다는 아이가 즐거워하는 방법으로 하게 두었다. 그 무렵 아이는 필리핀 원어민과 화상 영어를 하고 있었고, 태블릿 PC를 이용한 영어학습 어플로 단계 올리기에 열을 올리고 있었다. 그러다 필리핀 현지의 코로나 영향으로 화상 수업에 차질이 자주 빚어지면서, 기본적인 문법을 위한 EBS 중1 인강으로 변경하게 되었다. 홈스쿨링 첫 1년 학습에 대한 비중은 이 정도였다. 그러다 코로나가 예상보다 길어졌고 그해 연말쯤 우리의 계획을 수정해 검정고시에 집중해보기로 했다.

검정고시는 매년 2회 4월, 8월에 있다. 우리는 8월로 계획했지만 비장하지는 않게, 이번에 안되면 그 다음해 4월에 다시 시도해보기로 했다. 2021년 제2회(8월) 검정고시의 일정을 간단히 정리해 보자면, 두 달 전인 6월 초에 검정고시 공고, 6월 중순 원서 접수, 7월 말 수험표 출력, 8월 11일 시험, 8월 말 결과 발표였다. 학교를 자퇴하고 검정고시를 볼 경우, 입시 요건에 맞는지 잘 체크해보아야 한다. 예를 들어, 중졸 검정고시의 경우, 공고 발표 날짜를 기준으로 정원 외 관리자로 분류되어 있어야 한다. 그리고 고졸 검정고시의 경우는 공고 발표 날짜를 기준으로 6개월 전에 자퇴 처리가 되어있어야 한다. 교육청 홈페이지를 통해 응모자격에 대한 자세한 내용을 확인할 수 있다.

검정고시 준비를 시작하면서 아이는 서점에서 수학, 영어를 제외한 다른 과목-국어, 사회, 과학, 도덕(선택)-검정고시 교재를 골랐다. 그리고 기출문제집까지. 수학, 영어는 해오던 진도에 조금 속도를 붙이되 검정고시만을 위한 공부가 되지 않도록 했다. 시험을 과정으로 생각하고 할 수 있는

만큼 공부하고 시험 후에 다시 이어서 공부했다. 결과적으로 수학은 중3 과정까지 다 볼 수 있었고, 늦게 시작한 영어는 중2 과정까지 볼 수 있었다. 국어는 평소 책을 좋아하는 것이 도움이 되긴 했지만, 시험 문제를 푸는 연습은 필요했다. 그 외의 과목은 검정고시 교재로 준비를 했지만 과학의 경우에는 그것만으로는 이해가 어려워 EBS 인강과 병행해서 준비했다.

공부하는 과정에 끊임없는 새로고침이 있었지만 그런 이유로 지치지는 않았다. 검정고시 준비는 아이 스스로 자신에게 맞는 공부법을 찾아가는 데 오히려 좋은 기회가 되었다. 무엇보다 우리에겐 올해 이 과정을 끝내야 한다는 비장함이 없었기 때문에 여유를 가질 수 있지 않았나 싶다.

검정고시 당일 아침, 아이는 평소처럼 긴장감 없이 웃으며 고사장으로 들어갔고 그 덕분인지 우리 부부에게 살짝 올라오려던 긴장감도 사라지고 걱정 없이 오후 3시가 되기를 기다렸다. 고사장에 들어가서 스마트폰을 끄기 전 "내가 제일 어려"라고 보내온 문자에 남편은 "귀여움 받고 오겠네"라고 여유로운 답변을 보냈다.

그동안 준비한 것에 떨림 없이 자신감을 가지고 들어가는 아이의 뒷모습을 보며 많은 생각이 교차했다. 검정고시를 치를 수 있을 정도만 공부해도 되는 세상이라면 얼마나 좋을까. 우리 아이들이 배움의 즐거움을 알고, 여유있게 현재를 즐기며 자신의 미래를 꿈꿀 수 있을 텐데… 경계심 없이 자신을 친구에게 드러낼 수 있을 텐데… 아이들의 빠듯한 공부 분량에 생각이 많아지는 검정 고시일이었다.

 열여덟 살이 된 안이의 후기

안: 내가 제일 어리다는 게 생각보다 심리적 안정감을 줬어.

화: 그래? 그건 전혀 몰랐네. 어떤 안정감인데?

안: 나이가 아직 어리다는 게 기회가 더 있다는 거잖아. 그래서 그때 안정감을 갖고 시험 봤던 것 같아.

#13

자퇴 준비 과정

　　아이가 6학년 2학기에 홈스쿨링으로 마음을 정하고 난 뒤, 초등학교를 졸업하기 전 담임 선생님을 찾아가 뵈었다. 아이의 진로에 대한 그간의 간략한 과정과 계획을 말씀드리면서 중학교 진학은 어떻게 처리하면 좋을지 질문했다. 초등학교를 졸업하면서 홈스쿨을 선택하는 경우가 흔치 않아서 중학교에 따로 연락해보는 것이 좋겠다는 것 외에 구체적인 방법에 대해서는 듣지 못했다. 하지만 응원해주시며 도움이 필요하면 최대한 알아봐 주겠으니 편하게 연락하시라는 말씀을 하셨다. 응원까지는 전혀 기대하지 못하고 이해라도 받을 수 있을까 했던 터라, 그 응원에 마음이 든든해졌다.

　　중학교 자퇴에 대해 어떤 절차를 밟아야 하는지 알지 못하는 상황이었기에 배정될 중학교로 직접 연락해서 물어보는 방법밖에 없었다. 기억을 더듬어 보면 처음에 초등학교 졸업식 직후에 연락했을 때는 중학교도 방학 기간이라 절차가 진행되지 않았다. 이후 학교에서 알려주는 담당 선생님의 출근일에 통화가 이루어졌고, 또다시 아이가 배정받은 반의 담임 선생님과 통화를 해야 했다. 서너 번의 통화를 하고, 학교에 방문해 담임 선생님을 만나 설명을 들었다. 중학교까지는 의무 교육으로 정해져 있는만큼 세 번의 출석 독촉장을 받게 될 것이라는 설명과 경우에 따라서는 불시 방문이 이루어질 수도 있다는 설명을 들었다. 아마도 아동 학대로 인한 불출석의 가능성을 배제할 수 없기 때문이었던 것 같다.

그렇게 학교에서 오는 우편물을 받는 첫 해가 지나가고 다음 해에는 재취학 독촉장과 함께 취학 유예 심의를 위한 의무교육관리위원회(배정된 중학교 해당)에 참석 요청 우편물을 받았다. 아이와 함께 참석해서 심의를 받고 현재의 상황 및 검정고시 준비 중임을 알리는 자리였다. 그리고 그해 8월에 검정고시를 치르고 합격 발표 후, 정원 외 학생 관리를 담당하는 선생님께 합격증명서를 제출함으로 모든 절차가 마무리되었다.

홈스쿨링을 한번쯤 생각해본 사람들에게서 "자퇴"라는 단어가 주는 무게가 결코 가볍지 않다는 말을 종종 들었다. 더군다나 "의무" 교육이라는 단어까지 한 겹 더 엮여 있으니 충분히 그럴 수 있을 것 같다. 그에 비하면 우리 가족은 자퇴나 의무라는 두 단어보다 홈스쿨링을 선택함에서 오는 기대감에 조금 더 집중했기에 그 단어의 무게를 덜 느꼈는지도 모르겠다. 자퇴하는 과정이 쉽기만 한 것은 아니지만, 오히려 쉽지 않은 과정이라서 다행이라는 생각도 일면 들었다. 자퇴를 하는 긴 과정에서 결정을 다시 신중하게 들여다볼 수 있는 시간이 되었던 것도 같다.

#14

가족 사이에도 필요한 거리두기

    아이의 중졸 검정고시 후에 가족을 두고 친구와 여행을 다녀왔다. 일상과 가족으로부터 3일간 벗어나 있는 시간이었다. 홈스쿨링 중에 나름 애쓰고 있는 나에게 주는 선물이기도 했고, 그 무렵 자유로운 시간이 필요하다고 느껴지기도 했다. 자연 속에서 지낸 3일 간의 시간은 말할 수 없는 행복감으로 꽉 채워졌지만, 문득문득 감정의 균형을 깨뜨리는 알 수 없는 무거움이 있었다. 마음속에 조용히 머물렀지만 무시되지 않는 감정이었다. 여행 중에는 그 감정의 이름을 알지 못했고, 일상으로 돌아와 서서히 그 정체를 알 수 있었다.

    첫 번째 감정은, 남편을 향한 것이었다.
    내가 자리를 비운 동안, 남편은 아이와 처음으로 차박을 시도하기도 했고, 개봉한 영화를 보기도 했다. 내가 있을 때는 하지 못했던 일탈-라면과 기름진 음식들로 끼니 이어가기-을 일삼으며 지내기도 했다. 이미 알고 있던 계획이었고, 그 정도의 일탈은 충분히 예상되었던 것이었음에도, (나중에 알고 보니) 막상 나는 그 흐름이 싫었던 것이다. 남편도 이번 기회에 아이와 평범한 일상을 보내면서 일상에서의 자잘한 부딪힘이나 고단함을 느끼길 바랐던 것이다.

여행을 다녀온 후 내가 이런 감정을 느끼게 될 거라곤 나 자신조차도 전혀 예상을 하지 못했으니 남편은 얼마나 당황스러웠을까. 남편에게 정리되지 않은 감정을 쏟아놓으면서 그 무거움의 정체를 조금씩 알아가게 되었다.

두 번째 감정은, 불안에서 시작된 나 자신을 향한 실망이었다.

여행에서 일상으로 돌아온 다음 날, 나의 두 번째 감정을 아직 알아채지 못한 상태에서 아이를 바라보는데, 문득 '아, 불안이었구나' 싶었다. 검정고시 이후 아이는 2주 간의 휴식 시간을 갖고 다시 홈스쿨링 모드로 돌아왔다. 그러는 사이 나도 모르게 아이의 미래에 대해 불안해지기 시작했다는 것을 알았다. 아이에게도 남편에게도 전혀 없는 불안이 나에게만 시작되었던 것이다.

내년 계획에 대한 것은 구체화되고 있어서 괜찮다고 생각했다. 아직 입학 전이었지만 꿈틀리를 계획하고 있었다. 그리고 이렇게 1년씩 내다보며 가는 것이 우리가 생각해

오던 바이기도 했다. 하지만 나는 괜찮지가 않았다는 걸 그 제야 알게 되었다. '1년 후에 꿈틀리를 졸업하고 안이가 고 등학교 진학을 선택하면 지금부터 좀 더 공부를 하고 있어 야 하는 건 아닐까', '다시 고졸 검정고시를 준비해야 한다면 이 금쪽같은 시간을 이렇게 보내도 되는 걸까' 등등… 추측 해보면, 꿈틀리를 졸업한 이후에 아이의 나이가 열일곱 살 이라는 것에 무게감이 느껴지면서 불안해지기 시작했던 것 같다. 이 불안으로 인해서 친구와 떠난 그 자유로운 여행을 제대로 누리지 못하고, 나의 안테나는 엉뚱한 방향을 향하 고 있었던 것이다. 오랜만에 가진 여유를 틈타 '아이가 저렇 게 아빠랑 3일 내내 놀기만 하고 있어도 되는 걸까' 하는 전 에 없던 걱정이 들어왔던 것일 게다.

첫 번째 감정은 여행에서 돌아온 직후 남편과 이야기 를 나누면서 어느 정도 정리가 되었는데, 두 번째 감정은 꽤 오래 나를 힘들게 했다. 꿈꿔오던 "홈스쿨러 엄마"의 모습 에 미치지 못하는 나 자신에 대한 실망이었다. 충분히 있을 수 있는 감정이라고 가볍게 받아들이면 좋았을 텐데 그러질 못했다.

돌아보면, 불안은 아이가 이미 잘하고 있는 것까지도 보지 못하게 만들었고, 못하고 있는 부분만 부풀려 보게 하 면서 나를 괴롭히고 아이를 괴롭혔다. 나의 이러한 감정적 인 변화에 대해 알아차린 후 아이와 솔직하게 이야기를 나누었다. 아이는 고맙게도 엄마의 화난 모습이 좀 자주 보이긴 했지만 괜찮았다고 말해주었다.

몰랐던 나의 감정을 알게 되면서 편해지는 때가 올지는 알 수 없지만, 불안을 씻어내려는 의지만으로도 아이를 바라보는 마음이 달라짐을 느꼈다. 언제 오고 언제 갈지 모르는 예측불허인 불안에 대한 진한 경험이었다. 또다시 불안이 찾아오겠지만, 이제는 아이에게 불쑥 화를 내는 이유를 알게 되어 다행이었다.

친구와 마냥 신날 거라는 예상과 다른 여행이 되었지만, 이 또한 떨어져 있음으로 나를 들여다보는 시간이었다. 떠난 나는 나대로, 집에 남아있던 남편과 아이는 그들대로 필요한 시간이 되었으리라. 홈스쿨링 동안 거리 두는 시간을 좀더 자주 가져야 할 필요를 느낀 시간이었다.

15

흔들리며 가는 것

아이는 엄마가 본인의 홈스쿨링에 관한 글을 종종 쓰고 있다는 것을 알고 있었다. 알기만 할 뿐 크게 관심을 갖지는 않다가 자신의 생각을 제안해 온 것은 딱 한 번이었다. 그 제안은 "엄마랑 내가 다툰 걸 많이 썼으면 좋겠어"라는 말이었다. 엄마가 쓰는 글이 홈스쿨링을 생각하고 있는 사람들에게 환상 없이 도움이 되었으면 좋겠다는 것이 이유였다. 아이에게도 홈스쿨링이 마냥 이상적이지만은 않은 것이다. 그렇지만 아이는 지금까진 이 길을 선택한 것에 후회가 없다고 말했다.

그 날, 아이와의 대화는 사회성에 대한 주제로까지 이어졌다. 그 당시 아이가 사회성에 대해 가지고 있는 생각은 이랬다. "홈스쿨링을 하고 거기다 코로나까지 되어서 친구들을 못 만나고 있지만 사회성은 전혀 걱정하지 마, 엄마. 초등 6학년 동안 많이 연습했고, 엄마가 말하는 사회성이 아

이들 속에서 스트레스를 계속 받는다고 해서 꼭 길러지는
건 아닌 것 같아. 지금은 혼자 정리할 수 있는 시간인 것 같
아서 좋아." 힘이 있는 목소리였다.

　　　　펜데믹이 잦아들고 2년 만에 제주를 찾았을 때였다.
오후 스케줄은 아이가 제안한 포도 뮤지엄 전시였다. 주제
는 <너와 내가 만든 세상_제주 편>이었다. 혐오와 편견에
대해 아프게 현실적이면서도 놀라운 상상으로 표현해낸 작
품들이었고, 전시 내내 우리는 별다른 대화 없이 침묵하며
관람했다. 아이가 배우는 사회성에 대해 다시 생각해 보게
하는 전시였다. 사회성이란 직접 부딪히며 배우는 것도 많
지만, 책이나 전시와 같은 다양한 매체를 통해서 배우는 것
도 그에 못지 않게 많을 것이다. 혐오나 편견을 다룬 이 전시
처럼 사회공동체 속에서 장착해야 할 태도를 배우는 통로는
다양하다. 아이의 말대로 아이들 속에 있어야만 사회성이
길러지는 것은 아니었다. 또 한 번의 새로운 경험을 통해서,
아이의 사회성이 한층 깊어질 수도 있겠구나 싶었다.

한눈파는 부모수업

16

쉽지 않은 길, 맞다

　　홈스쿨링을 준비하면서 관련 책을 많이 읽진 않았다. 우리 상황에 맞는 책을 찾는 것도 쉽지 않았고, 우리가 쫓아가고 싶었던 이야기를 담은 책보다 부러움을 자아내는 책이 대부분이었기 때문이다. 물론 도움이 되는 내용으로 지금도 고마운 책도 있지만 그 책마저도 우리가 원했던 "결국"은 아니었다. 홈스쿨러로 자라서 "결국" 국내외 굴지의 대학에 입학했다거나, 탁월한 재능을 가지고 일찍 경제적인 성공을 거두었다거나, '최연소'라는 타이틀을 달고 어떤 성취를 해냈다거나 하는 등의 이른바 '성공 스토리'가 아닌 책을 읽고 싶었다. 물론 '성공'이라 불리는 스토리를 담은 책이 나쁘다는 것은 아니다. 다만 평범한 아이, 평범한 가족에게는 먼 이야기보다 조금더 현실적인 조언을 듣고 싶었다. 이웃에서 흔히 만날 수 있는 평범한 아이가 먼저 걸어간 홈스쿨링 경험담이 필요했다. 어쩌면 그런 이야기가 담긴 책이 어떤 출

판사의 리스트에 떡하니 존재하고 있음에도 발견하지 못했을 수도 있다. 그렇다면 홈스쿨링을 시작하려는 '다음 누군가'에게 하나의 자료라도 더 존재하도록 해주고 싶다. 그래서 우리 가족의 이야기를 내놓을 용기를 내었다.

그렇다면 우리 가족이 홈스쿨링을 통해 바라는 "결국"은 무엇일까. 결국에 대해서는 솔직히 아직은 모르겠다. 결국에 무엇을 원해서 이 길로 가기로 한 것일까, 원하는 것은 있었나. 하지만 "결국"에 원하는 건 몰라도, "지금" 우리가 원하는 것은 안다. 나중을 위해서 지금 누릴 수 있는 것을 포기하지 않는 것, 지금 웃는 것.

대학에 들어가기 위해 애쓰느라 오감을 잠재우고 앞만 보고 달려야 하는 현실을 참을 수 없었던 것 같다. 내 곁에 이 아이도 좋은 대학에 들어가서 자랑거리로 삼고 싶은 욕심이 들 때도 없지 않지만, 그보다 조금 더 자주 "지금"을 생각한다. 시간이 지나 진로를 앞둔 어느 날 아이에게서 "나를 설득해서 입시 공부를 하게 하지 그랬냐"는 원망 섞인 말을 듣지 않겠느냐 하는 질문을 받기도 한다. 어디에서 온 자신감인지 솔직히 그런 걱정은 없다. 이 선택에 대한 믿음인지 함께해 온 시간에 대한 믿음인지 그것도 아님 마냥 낙천적인 것인지도 모르겠다. 아이의 친구들이 대학에 진학하고 직장에 들어가는 시기보다 많이 늦어질 수도 있고, 그로 인한 불안에 나도 함께 흔들릴 수도 있을 것이다.

지금 행복하려고 이 길을 선택했지만 웃음소리만 들

리는 날들의 연속은 아니다. 티격태격, 구시렁구시렁, 우당탕탕 소리도 자주 들린다. 하지만 그렇게 굴러가는 중에도 아이에게는 크고 작은 문제를 해결하려는 힘이 자라고 있음이 분명하다. 그러니, 홈스쿨링을 깊이 고민하시는 분이 계시다면 자신을 믿고 아이를 믿고 이 길이 주는 힘을 믿고 가보셔도 좋을 것 같다. 다만 오래오래 고민하시고, 가족 모두 머리를 맞대고 떠드는 시간을 충분히 가지신 후 결정하시라 말씀드리고 싶다. 또한 홈스쿨링과 상관없이 아이를 키우는 데 작은 부분이라도 도움이 될만한 것이 이 책 속에 있다면, 단 한 가정에라도 도움이 된다면 그것으로도 충분히 보람이 될 것 같다.

 열여덟 살이 된 안이의 후기

안: 대학 입시에 대해서 요즘 좀 깨달은 게 있어. 대학이 중요하긴 한데, 엄청 중요한 건 아닌 것 같아.

화: 무슨 말인지 좀 더 풀어주라.

안: 어떤 직업을 가지는 것에 있어서 진짜 좋아하고 실력이 있으면 되는 문제인 것 같더라고. 오히려 대학에 집착했다면 좋아하는 걸 찾을 생각은 못했을 것 같아.

화: 그러네. 찾아볼 여유가 없었겠네.

#17

중졸 검정고시 이후의 행보를 정하다

역사적인 날이었다. 본인이 다닐 학교를 정하기에 앞서 사전에 방문하고 설명을 듣고 질문을 하고 난 뒤 결정한다는 것은 흔한 일은 아니라는 점에서 그랬다.

"꿈틀리 인생학교"로 정하기까지. 중졸 검정고시 다음 스텝을 어떻게 할까 여러 가지 진로를 생각했다. 코로나로 인해 우리의 애초 계획보다 1년 정도 빨리 중졸 검정고시를 보게 되었지만, 오히려 그 덕분에 아이는 예상치 못한 여유를 갖게 되었다. 처음엔 홈스쿨링을 다시 이어갈지, 고등학교에 진학할지를 놓고 이야기했다. 그러다 홈스쿨링이 가진 한계를 보완해 줄 수 있는 1년이 되었으면 좋겠다 생각하게 되었고, 올해 초부터 관심 있게 봐온 꿈틀리에 연락을 해보게 되었다. 그리고 아이의 꿈틀리 다음 과정은 다시 1년이 지난 후에 고민하고 결정하기로 했다.

우리가 꿈틀리로 결정하기에 앞서 관심을 갖고 알아

보았던 두 개의 프로그램이 있었다. 하나는, 청소년 갭이어라는 개념을 처음 알게 해준 "꽃다운 친구들"이다. 중학교와 고등학교 사이에 1년간의 방학을 주자는 취지의 프로그램이다. 처음 이 프로그램의 존재를 알았던 때는 아이가 초등학교 4학년이었다. 홈스쿨링을 하기로 확정한 때가 아니었기에 우리 부부는 아이의 중학교 진학을 가정해 보았고, 그 가정 하에서라면 중학교 졸업 후에 쉬어가는 한 해를 가지는 것도 좋겠다고 생각했다. 그렇다면 미리 알아두자는 마음으로 곧바로 그 해 가을에 있었던 설명회에 다녀왔다. 그리고 올해 선택지 중 하나로 다시 꺼내어 고민했지만, 자기 시간을 충분히 누리며 지낸 홈스쿨러보다는 3년 동안 중학교 생활을 해온 친구들에게 잘 맞는 프로그램인 것 같다는 결론을 내렸다.

다른 하나는 "오디세이 학교"다. 이곳에 대해서는 여러 루트를 통해 들으며 매력을 느끼고 있었고, 마침 다니고 있는 지인의 아이로부터 만족도가 높다는 이야기를 들은 터라 기대감이 커지던 중이었다. 그러다 전화 문의를 했더니, (그때는 전혀 생각하고 있지 않았던) 고등학교 진학이 전제 조건으로 되어있어 마음을 접어야 했다.

그렇게 해서 알아본 곳이 꿈틀리였다. 이곳은 다른 두 곳과 다르게 1년간 기숙 형태로 이루어지는 곳이었다. 이곳을 처음 알게 되었을 때는 기숙학교라는 것만으로 이곳을 아예 배제해두고 있었다. 평소 걱정이 많은 편인 나는 세상의 흉흉한 소식들을 들으며 기숙에 대한 불안감이 커져 있었다. 하지만 홈스쿨링을 첫 해가 지나고 2년이 채워져 가면서 아이는 부쩍 자라있었고 단단해져 있었다. 아이가 단단하게 자라는 모습을 보는 나도 덩달아 단단해진 것인지 걱정보다는 아이의 성장에 집중할 수 있었다. 아이가 울타리를 벗어나 스스로 하루하루를 꾸려가는 것에 대한 기대감도 생겼다. 아이에게 처음 꿈틀리를 소개하며 관련 영상을 보여주었을 때 적극적인 호기심을 보였고, 영상을 더 찾아보면서 이미 그곳으로 마음이 기우는 듯 보였다. 굳이 묻진 않았지만 홈스쿨링을 하는 2년 동안 쌓여온 엄마의 잔소리로부터의 해방을 기대했는지도 모를 일이다. 하루하루 꿈틀리에 대한 마음을 키워온 아이는 학교를 처음 방문했던 날 낯선 잠시, 금세 익숙해진 듯 보였다.

그렇게 꿈틀리에 입학한 아이는 1년간 2주에 한 번씩 주말에 집으로 왔다. 처음엔 아이의 빈 자리가 허전했지만 덕분에 2년간 홈스쿨러 곁에 또 다른 홈스쿨러로 지낸 나의 시간을 정리해볼 수 있었다. 수학 공부 시간 옆자리 짝꿍으로, 잔소리꾼 엄마로 보낸 시간을 잠시 접고 온전히 '나'로 지내는 시간이었다.

#18
홈스쿨링 휴지기에 엄마는,

　　홈스쿨링을 시작하며 남편은 함께할 시간을 최대한 많이 만들기 위해 자투리 휴가도 남기지 않았다. 덕분에 세 식구가 다같이 복닥거리는 시간을 많이 가질 수 있었다. 그런 2년을 보내고 아이가 기숙형 대안학교로 진학하면서 전혀 다른 일상을 맞이하게 되었다. 아이가 집을 떠나게 되면서 갑자기 한가로운 일상을 만났을 때 빈둥지 증후군을 겪는다는 이야기를 들어오던 터라 진작부터 할만한 것을 고민하기 시작했다. 엄마가 아닌 오로지 '내가' 하고 싶었던 것, 해야 할 것들을 떠오르는 대로 기록해보다가 굵직하게 시간을 쓰는 것 한 가지는 필요하겠다는 생각이 들었다. 아이가 청소년이 되면서 덩달아 관심이 생겼던 청소년 분야로 방통대에서 공부를 해볼까, 책을 읽고 글을 쓰는 것에 더 집중해볼까, 비폭력 대화를 공부해볼까 등등. 그러다 친구에게 스치듯 들었던 "세바시대학"이 떠올랐다. 그 친구에게 물어보니 다양한 사람을 통해 다양한 분야의 강의를 들을 수 있을 것이라고 했다. 생각의 반경을 넓히고 싶었던 나에게 맞춤이었다. 그렇게 아이는 꿈틀리에, 나는 세바시 대학에 신입생이 되었다.

3월에 있을 아이의 기숙학교 입학을 앞두고 소소하게 바빠졌다. 아이의 기본적인 건강 상태 점검에서 시작해서, 새로운 환경에서 일상을 살기 위해 구비해야 할 살림들 그리고 처음으로 떨어져 지내게 될 아이에게 당부하는 것까지. 날짜가 다가옴에도 불구하고 아이도 우리 부부도 떨어져 지내게 될 서운함보다 새로운 시간에 대한 기대감이 더 큰 것이 감사했다. 2주에 한 번 만날 수 있기 때문이기도 하겠지만, 2년 동안 충분히 서로를 안고 하루에도 몇 번씩 사랑한다고 말했던 힘이 아닐까 싶다. 그것이 걱정과 불안을 이기는 든든한 쿠션이 되어준 것 같다.

물리적으로 떨어진 각자의 공간에서 각자의 시간을 보내며, 앞으로 우리가 만나서 나누게 될 이야깃거리가 입학하기 전부터 궁금해졌다. 그리고 한해를 마무리할 즈음이면 서로의 성장 이야기가 풍성하리라 기대되었다. 더불어 홈스쿨링 동안 서로에게 힘들었던 속이야기도 웃으며 말할 수 있지 않을까. "아빠엄마, 내가 이제는 말할 수 있을 것 같은데 말이야~", "안아, 아빠엄마는 그때 말이야~" 하면서 말이다.

책수다

　　수다를 좋아하는 우리 가족은 홈스쿨을 시작하기 2년 전 아이가 열두 살 무렵부터 한 달에 한 번 정도 책수다 시간을 가졌다. 그러다 영화수다, PT수다까지 더해졌는데, 그중 가장 꾸준히 이어진 것이 책수다 시간이다. 책수다가 꾸준히 이어질 수 있었던 이유를 떠올려보았다.

　　그 이유 중 하나는, 다양한 주제의 수다가 취미인 남자와 쌓이는 생각들을 내뱉는 것을 좋아하는 여자가 만나 부부를 이룬 것일 수도 있겠다. 이 글을 쓰면서 잊었던 기억을 떠올릴 수 있었는데, 결혼을 준비하는 동안 우리는 세 권의 책을 같이 읽고 이야기를 나누었다(데이트에 관한, 결혼에 관한, 성에 관한 책 한 권씩이었다). 아마도 그것이 우리 가족 책수다의 시작이었던 것 같다. 처음 아이와 함께 가족 책수다를 시작하면서 아이가 말을 많이 하지 않더라도 재촉하지도 포기하지도 말자는 이야기를 남편과 나누었다. 아빠와 엄마의 수다를 듣는 중에 말이 쌓이고 생각이 쌓여 언젠가 자발적인 수다가 가능하리라 믿었다. 그리고 감사하게도 셋의 수다량이 비슷해지는 날은 오래 걸리지 않았다.

그리고 또 다른 이유는, 경청이 아니었나 싶다. 아이가 어릴 때부터 엄마를 부르면 하던 일을 잠시 멈추고 아이와 눈을 맞추어 이야기를 들으려 노력했다. 평소에 진심, 진정, 솔직 이러한 것에 무게를 두는 편이라 대화에 집중하기 힘든 상황일 때는 대충 듣고 넘기기보다 엄마의 상황을 간단히 설명했다. 지금은 네 말을 잘 들을 수 없노라고 말하고, 상황이 바뀐 다음을 약속했다. 그리고 그 '다음'에 대한 약속은 지키려 했고. 가능한 집중해서 대화하다 보니 어느새 아이도 맘껏 떠들게 된 것이 아니었나 싶다.

"첫 책수다 시간을 시작하겠습니다~!"라는 아이의 쑥스러운 멘트로 시작된 책수다 첫 시간. 처음이라 살짝 어색한 공기가 흘렀지만, 시간이 흐르면서 편안하게 다양한 이야기들이 나왔다. 첫 책수다를 마친 후 남편과 나는, 아이가 수닷거리를 준비해오면 수정을 하지 말자고, 그리고 가능하면 아이 먼저 답변을 하게 하자고 이야기했다. 그땐 그저 아이가 열심히 준비한 것에 대한 존중의 의미로 이야기한 것이었지만, 그 이후로 어설퍼 보이던 아이의 준비가 오히려 더 풍성한 수다로 이어지는 경우도 종종 경험하게 되었다.

서른세 번의 책수다를 하면서 기대했던 만큼 수다가

깊어지지 못하고 아쉽게 끝나는 경우도 종종 있었다. 하지만 다른 질문을 만들어 끌어내려 하지 않고, 아쉬움은 다음에 대한 기대로 넘겼다. 책수다를 하는 동안 가르치려는 마음을 눌러야 하는 순간들을 종종 만났다. '이 시간은 맘껏 수다 떠는 시간이야'라는 생각이 때마침 떠올라주는 순간도 있지만, 이미 설명이 앞서 튀어나가는 순간도 있었다. 그럼에도 설명을 참고 지나간 날을 되짚어보면 결국 아이 스스로 숨은 뜻도 발견하고, 오히려 어른이 보지 못한 시각에 대한 이야기를 하기도 했던 기억이 난다.

　책을 도구로 삼아 떠드는 이 시간은, 홈스쿨링을 시작한 후에 자연스럽게 중요한 시간으로 자리잡았다. 평소 전혀 생각해 보지 않은 주제로 우리의 대화를 확장시켜주는 책수다 시간 자체도 좋았지만, 책수다에서 나눈 이야기가 문득 일상에서 이어지는 순간이 참 좋았다. 사소하고도 깊은 순간들이 쌓인 덕분에 사춘기라 일컬어지는 시기에도 아이와의 대화는 순조롭게 이어진 게 아닌가 싶다.

(책수다에서는 편의를 위해 이렇게 표기합니다.

남편:훈, 아내:화, 아이:안)

그림책 「균형」

유준재 지음 / 문학동네

수닷거리 준비: 안

1) 우리 인생에서 균형을 잡아야 할 일은 무엇이 있을까요?

안: 새로운 일에 도전하는 것.

　도전을 해야 인생에 균형이 잡힐 것 같다. 인생의 즐거움에

　균형을 줄 수 있을 것 같다.

훈: 가정과 일터의 균형.

　이미 워라벨이라는 말이 있듯이 직장인에게 이 둘의 균형은

　중요하다. 또 신앙에도 치우치지 않는 균형이 필요하다.

화: 지출의 균형. 시간의 균형.

　두 가지 모두 어디에 어떻게 균형을 잡아 사용할 것인가가

　중요하다.

2) 본문의 "너에게서 눈을 떼지 않을게", "너에게 귀를 기울

일게"처럼, 함께 균형을 잡기 위해서 무엇을 할 수 있을까요? 본문과 같은 문장으로 말해주세요.

안: "너를 믿을게."
　　"너를 위해 참을게."
훈: "너의 손을 놓지 않을게."
　　"너의 발에 맞춰 걸을게."
화: "너의 의견을 존중할게."
　　"나의 두려움을 너에게 말할게."
안: 함께 하려는 마음가짐이 중요한 것 같다.
　　"내가 노력할게."
훈: "너를 원망하지 않을게."
화: "우리의 약속을 잘 기억할게."
　　"욕심내지 않을게."

　　그림책을 좋아해서 동네 작은도서관에서 엄마들과 그림책 모임을 5년간 해왔다. 그림책 대부분이 서점이나 도서관엔 어린이를 대상으로 분류되어 있지만, 어른에게도 깊이 있는 메시지를 던져준다. 오히려 텍스트가 많지 않아 더 풍성한 생각할 거리를 던져주기도 한다.
　　책수다를 시작하면서부터 그림책으로 같이 이야기를 나누고 싶었고, 수많은 그림책 중에 신중히 고르고 골라

「균형」을 추천했다. 그림책 앞부분은 개인의 균형을 이야기한다. 그리고 둘의 균형, 마지막엔 다수의 균형을 보여준다. 삶의 순간마다 맞닥뜨리게 된다고 말하는 선택의 순간은 동시에 균형의 순간이기도 한 것 같다. 수다를 시작하며 질문을 받고 자연스럽게 떠오르는 균형의 순간을 이야기했다. 그 대답은 아마도 그즈음에 각자 중요하게 생각해오던 것이지 않았을까. 이렇게 책수다를 하며 가끔씩 가족의 머릿속을 살짝 들여다보게도 되는 것 같다.

아이들은 가치를 두고 선택하는 것이 단순해서 균형의 순간에 망설임이 없다. 어쩌면 무엇이 중요한지를 어른들보다 또렷하게 잘 아는 것 같다. 이미 머릿속 계산이 복잡해진 우리 어른들이 아이들의 순수한 균형을 깨뜨리지 않기를, 오염시키지 않기를 바랄뿐이다.

 열여덟 살이 된 안이의 후기

안: 사람을 대할 때의 균형, 너와 나의 균형. 이게 제일 중요한 것 같아.

화: 엄마도 동감. 거의 전부라고 해도 과언이 아닐 것 같아. 이러고 있으니 책수다 다시 하고 싶어지네.

책수다 2

「나의 우주는 아직 멀다」

마스다 미리 지음 / 이봄

수닷거리 준비: 화

1) 서점에서 근무하는 주인공 쓰치다 씨가 준비하는 "따뜻
한 책" 도서전이 인상적이다. (p.103)
내 인생의 따뜻한 책이 있다면?

훈: 최근 회사에서 팀원들과 함께 읽은 「존스 할아버지의 낡은
여행 가방」.
관점을 바꾸면 완전히 달라 보인다는 내용이 따뜻했다. 예
를 들어, 걱정이 많은 사람은 그만큼 똑똑한 것이고, 그만큼
상상력이 풍부하다는 것!

안: 「완벽해지고 싶어!」 그림책.
있는 모습 그대로 괜찮다는 말이 위로가 되는 책이다.

화: 얼마 전에 함께 읽었던 「모든 요일의 여행」.
여행이 일상이고 일상이 여행인 작가의 말들이 따뜻하게 다

가왔다.

2) 야요이 씨는 「창가의 토토」에 나온 교장선생님의 한마디를 떠올렸다. "말썽만 일으켜서 초등학교에 입학하자마자 퇴학을 당한 토토. 그런 토토가 그다음에 간 초등학교의 교장선생님은 '넌 사실은 착한 아이란다'라고 계속해서 말해주었지."(p.152)
내 인생의 따뜻한 말 한마디가 있다면?

화: 초등학교 5학년 때 담임 선생님.
당시 우리 집 경제 사정이 급격히 어려워진 상황에서 어쩌다 부반장이 되었다. 그 사정을 아셨던 선생님은 어머니께 경제적인 부분은 걱정하시지 말라고 전해드리라는 말씀을 하셨다. 그 당시에는 경제적으로 어려우면 학급 임원을 거의 할 수가 없는 분위기여서, 그 말씀은 어머니께도 안심이 되는 말이었겠지만 부반장이 되어도 기뻐할 수만은 없었던 내게 해주신 말씀이었던 것 같다. 그 이후에도 선생님께서 아이들을 차별 없이 대하는 모습을 자주 볼 수 있었다.

안: 며칠 전 과자를 구워 친한 이웃 어른께 드렸을 때, "너의 꿈을 응원해"라고 해주신 말씀이 정말 좋았다(이 무렵 아이의 꿈은 파티쉐였다).

훈: 대학 시절, 등록금을 대신 내 준 선배와 동기들의 "나중에

네 도움이 필요한 사람들에게 갚으면 좋겠다"라는 말. 그들의 마음은 평생 못잊을 것이다.

마음이 따뜻해지는 책, 말, 음악, 그림, 눈빛, 향기, 풍경… 떠올려보려 마음먹으니 가까이에서도 적지 않게 찾아진다. 맹렬히 추운 겨울에도 우연히 들린 음악에 마음이 따뜻해지기도 하고, 가만히 있어도 땀이 흐르는 더운 여름날에도 마음이 따뜻해지는 건 싫지 않다는 게 신비롭다.

이 책으로 책수다를 하고 3년쯤이 지나 아이에게 이 책을 보여주니 "이 책으로도 책수다를 했었어?"라며 멋쩍게 웃는다. 기억하지 못해도 괜찮다. 따뜻한 책을 떠올리고 따뜻한 말을 떠올려 보았던 그 시간은 아마 아이의 가슴 어딘가 데워진 공기 한 톨쯤으로 남아있을 거라 확신한다.

책수다 3

「학교는 하루도 다니지 않았지만」

임하영 지음 / 천년의상상

수닷거리 준비: 훈

1) 책을 읽은 후 전체적인 느낌은?

안: 홈스쿨링에 대한 걱정을 좀 덜어 준 책이다. 공부가 뒤처지
면 어쩌나 하는 불안감이 있었는데, 이렇게 살 수도 있구나
생각했다. 홈스쿨링을 하게 되지 않더라도 이 에피소드 중
하나 정도는 따라 할 수 있을 것 같다. 홈스쿨링에 대한 신
뢰를 주는 책이다(참고로, 홈스쿨링을 확정하기 전에 했던
책수다이다).

화: 홈스쿨링은 아이뿐 아니라, 부모도 끊임없이 공부가 필요하
다는 것을 알게 되었다.

훈: 이 책을 관통하는 것은 '공부'인 것 같다. 작가의 나이에 비
해서 깊이가 대단하지만 책 내용 면에서는 조금 아쉬운 부
분이 있다. 작가는 성장, 배움, 공부에 대해 솔직하게 질문을
던졌고, 온몸으로 답을 찾아간 것 같다.

2) 왜 에필로그가 없을까? 추측해보자.

안: 4장 내용이 맺음말 역할을 해줘서. 특히 4장의 마지막 문단. "그리하여 평생 나만의 공부를 지속해 나갈 수 있다면, 공부를 통해 배움을 얻을 수 있다면, 배움을 통해 나 자신을 돌아보고 성찰할 수 있다면, 마침내 기존의 질서에 순응하는 것이 아니라 새로운 변화를 만들어낼 수 있다면, 그것이야말로 '성공한 인생'이라고 생각한다."

화: 아주 현실적으로 인쇄 페이지를 맞추기 위해서 그랬나? (웃음)

훈: 그 배움이 아직 젊은 나이라서 의도적으로 남기지 않았을 거라고 생각했다.

3) 임하영과 안이 또는 임하영 가족과 우리 가족의 공통점과 차이점은?

<차이점>

벌레에 대한 호불호: 저자는 곤충학자가 되고 싶을 만큼 곤충을 좋아하고, 안이는 곤충을 끔찍이 싫어한다는 점.

초등학교: 저자는 초등학교부터 진학을 하지 않았고, 안이는 초등학교를 다니고 있다는 점.

동생의 유무: 저자는 홈스쿨링을 함께한 동생이 있었고, 안이는

혼자 하는 홈스쿨링이 될 것이라는 점.

외국어 실력: 저자는 외국어 실력이 상당하고, 안이는 외국어가 많이 서툴다는 점.

중국 여행 경험 유무: 저자는 중국 여행에서 큰 영향을 받았고, 안이는 중국에 관심이 없다는 점.

어린 시절을 지낸 곳: 저자 가족은 홈스쿨링을 결정하면서 시외곽으로 이사했고, 안이는 도시에서 홈스쿨링을 하게 될 거라는 점.

<공통점>

저자는 바이올린, 안이는 오카리나로, 악기는 다르지만 연주할 줄 아는 악기가 있다는 점.

깊이의 차이는 있지만 책을 좋아한다는 점.

여행을 다니는 걸 좋아하는 점.

역사에 관심이 많다는 점.

가족이 돈을 많이 버는 것이나 출세에 크게 관심 없다는 점.

4) 저자는 홍세화 님의 책을 많이 읽었다. 그중 저자가 인상 깊었다고 하는 부분에 '인간성의 항체'와 '우리 사회가 요구하는 능력'이라는 말이 있다. 먼저 '인간성의 항체'의 의미는 무엇일까? (p.17-18)

화: 인간성의 항체는 나만의 가치관을 가지고 이 사회를 살아가는 것 아닐까.

안: 촛불집회 같은 것.

훈: 인간다움. 홍세화 님은 그것을 잃어버리게 하는 것들이 많음을 말하고 싶었던 것 같다. 그렇다면 인간다움을 잃어버리게 하는 건 어떤 것들이 있을까?

안: 뇌물. 사람은 원래 선량했을 텐데 점점 욕심을 부리면서 뇌물을 주게 된 것 같다. 안 좋은 방법으로 돈을 많이 벌고 싶거나 자식을 잘 봐달라고 뇌물을 준다. 그렇게 뇌물을 주면서 정직을 잃어버린 것 같다.

훈: 뇌물이 나쁜 이유는 공정을 깨뜨리는 행동이기 때문이다. 반칙이다.

화: 집값. 이것이 가치 기준이 되어버린 사회인 것 같다.

5) 우리 사회가 요구하는 능력이란 뭘까? 좀 더 생각해 보자.

훈: 여러 분야의 문제를 해결하는 능력

화: 의사소통 능력, 인내력

안: 체력, 그리고 우리 집 가훈도 그 능력인 것 같다. 사랑하는 힘과 질문하는 능력(메리 올리버의 「휘파람 부는 사람」 내용 중) 말이다.

훈: 그러고 보니 사랑하는 힘은 인간의 항체고, 질문하는 능력

은 우리 사회가 요구하는 능력인 것 같기도 하다.

　　다시 책을 들춰보니 새삼 임하영 작가는 어릴 때부터 탁월했구나 싶다. 관심 분야도 남달랐고 때마다 관심을 가지고 읽어내는 책과 받아들이는 정도도 탁월했다. 우리도 홈스쿨링을 준비하던 무렵에 안이도 책을 좋아하니 은연중에 이런 수준에까지 따라가길 바라는 욕심이 있었다. 하지만 홈스쿨링을 시작하고 아이를 지켜보면서 지극히 평범한 아이임을 알게 되었고 저자와 같을 순 없다는 것을 인식하게 되었다. 이 깨우침은 아이에게도 우리 부부에게도 얼마나 다행한 일인지!

　　기대가 높을수록 자녀와 관계가 좋지 않다는 말을 들은 적이 있다. 물론 어느 정도의 기대감은 필요하겠지만 이 말에 적극 동감한다. 높디높은 기대를 버리고 아이를 제대로 알아갈수록 바라보는 시선에 인정이 담기고 제대로 된 칭찬이 가능해진다. 아인슈타인 우유에서부터 시작해서 서울 우유, 연세 우유, 건대 우유, 그리곤 (저)지방 우유로. 이렇게 아이가 가게 될 대학의 현실을 보게 되다가 결국엔 웃고 살라고 빙그레 우유로 바뀐다는 우스갯소리가 있다. 무리하게 높은 기대를 품고 있다가 아이도 부모도 상처 입지 않도록 처음부터 다 같이 빙그레 웃으면서 관계에 더 집중하며 지내는 것이 어떨까.

이 책을 펴낼 당시(2017년) 스무 살이었던 작가를 4년이 지나 온라인에서 만날 기회가 있었다. 최인아 책방에서 이 책으로 임하영 작가의 북토크를 한다기에 혼자 반가운 마음에 호들갑을 떨며 신청했다. 또래들보다 조금 뒤늦게 대학의 필요를 느끼고 우여곡절 끝에 현재 미네르바 대학에서 공부를 하고 있었다. 여전히 배움에 지치지 않고 도전 위에 서있었다. 홈스쿨러들뿐 아니라 많은 청년들이 그를 모델로 삼아도 좋겠다. 좋은 대학에 들어간 똑똑한 사람이라서가 아니라, 사회를 위해서 끊임없이 고민하고 배우고 도전하는 청년이라서.

 열여덟 살이 된 안이의 후기

안: 지금은 사회가 요구하는 능력이 의견 충돌을 잘 해결하는 능력인 것 같아.

화: 역시 관계에 대한 생각이 많군. 근데 왜?

안: 사회 속에서 내가 존재하기 위해 필요한 능력인 것 같아.

「오리진 시리즈: 화폐」

윤태호 지음 / 위즈덤하우스

수닷거리 준비: 화

1) "돈" 하면 떠오르는 것은?

안: 초록색. 돈으로 살 수 있는 굿즈와 ㅇㅇ떡볶이.

훈: 마이너스 통장(웃음).

화: 많으면 좋긴 한 것.

안: 받는 건 한 달에 한 번, 쓰는 건 한순간.

훈: 벌 때보다 쓸 때 쾌감.

화: 조금 부족한 지금이 딱 좋다는 것.

2) 돈으로 살 수 있는 것과 살 수 없는 것은 뭘까?

안: 질문이 자본주의와 공산주의에 대한 차이를 생각나게 한다.

「먼 나라 이웃나라」를 본 덕분에 많이 알게 되었다.

훈: 돈으로 시간도 살 수 있다. 예를 들어 KTX와 무궁화호의 시

간 차이, 그리고 부모가 비용을 지불하고 아이 돌봄을 이용해서 자신의 시간을 갖는 것처럼.

안: 지식을 살 수 있다. 예를 들어 책 구입이나 대학 진학.

화: 경험을 살 수 있다. 예를 들어 여행.

안: 행운은 살 수 없다. 태어날 때부터 가진 것들, 그리고 자연 바람은 살 수 없다.

훈: 나눔을 살 수 있기도 하다. 예를 들어 후원금을 내는 것.

화: 편안함을 살 수 있다.

- 그러면 이제 살 수 없는 것만 얘기해보자.

화: 꿈. 잘 때 꾸는 꿈과 장래희망을 품는 것 모두

안: 정이 드는 것, 글씨체, 목소리, 추억

화: 예술을 보고 느끼는 감수성

훈: 진실한 친구

화: 이미 노화된 피부, 머릿속 기억, 소름 돋는 순간

훈: 은하수, 가난, 병

안: 과거, 이미 죽은 또는 지나간 것들, 엄마의 치명적인 귀여움 (웃음)

훈: 사랑하는 힘, 질문하는 능력, 재능, 영혼의 각성

훈: (주는 것이 아닌 받는) 선물

화: 엄마의 손맛, 지금까지 쌓아온 안이의 수영 실력, 노력

훈: 아이의 함박웃음

화: 실수, 낡음

안: 세월의 흔적, 감기 걸린 목소리

화: 버릇, 하품, 재채기

훈: 흥미

안: 나이

　　돈을 들여 피부를 젊어보이게 할 수는 있지만 이미 노화된 피부는 돈으로 살 수 없다는 가벼운 얘기부터 시작해서, 이미 우리 곁을 떠난 것들의 어찌할 수 없음까지. 생각을 마구 쏟아낼 수 있는 이런 주제가 있을 때는 수다가 즐겁게 확장된다. 가벼운 것부터 무거운 것까지 오가며 중구난방이지만 이렇게 떠든 후에 한두 단어는 잔상이 남는다.

　　이 책은 우리가 살아가는 매 순간 치러지는 비용에 대해 생각하게 했다. 당사자가 아닌 입장에서 봤을 때 간단한 일처럼 보이는 것도, 직접 감당하는 입장에서는 거쳐야 하는 복잡한 과정이 있을 수 있다. 이런 경험은 누구나 알 수 있는 것인데 입장이 바뀌는 순간 잊어버리는 것 같다. "나보다 네가 더 힘들지" 하는 마음으로 서로를 대한다면, 누구도 알아주지 않는 숨은 비용을 치르는 것이 허무하지 않을 것이다. 그 일이 좋아서 하는 것이든 아니든 상관없이 말이다. 서로의 역할을 존중하는 마음은, 조금의 비용 지불 없이도 훈훈한 세상을 만들 수 있는 최상의 방법일 것이다.

한눈파는 부모수업

「누리보듬 홈스쿨」

한진희(누리보듬) 지음 / 서사원

수닷거리 준비: 훈

1) 책 전체의 느낌은?

안: 홈스쿨링에 대한 생각을 잘 쓰신 것 같다. 반디가 호주에서 친구들과 의사소통에 문제가 없었다는 점이 부러웠고 인상적이었다.

훈: 우선은, 반디가 평범한 아이는 아닌 것 같았다. 평범한 아이의 홈스쿨링 내용이었으면 어땠을까 생각했다. 작가의 교육철학에 많이 공감되었다. 학교 교육의 한계를 보고 '교육'이 왜곡되지 않도록 그 안에 아이를 두지 않은 점이 특별히 그랬다. 그리고, 죽은 시인의 사회 인용문이 정말 좋았다!

화: 우리와 다른 점이 많았지만, 교육에 대한 기본적인 생각에서는 공감이 되었다. 솔직히 안이도 대학에 진학한다면 반디처럼 해외 대학을 가면 어떨까 하는 생각을 해보기도 했다.

2) 홈스쿨링은 학교를 벗어나는 것일 텐데, 학교의 배움에
서 아쉬운 점은 뭐가 있을까?

안: 학교에서는 어떤 지식에 대해서 '문제 풀이' 위주로 알려준
것 같다. 배움에 깊이가 없을 때가 많다.

화: 학교 교육의 장점도 많지만 특히 이해가 되지 않는 부분은,
'시'를 가르칠 때다. 시 감상에 정답이 있다는 것이 이해되지
않는다. 아이들 스스로 예술에 대한 지극히 개인적인 감상
을 가져보는 것이 중요하다고 생각된다.

훈: 나이 차이가 있는 사람과의 관계에 대한 배움은 학교에서
배우기 어렵다. 현실은 긴 사회생활에서 또래들과만 일할
기회는 많지 않다는 것이다.

안: 체육시간에 피구를 하라고만 하고, 그것을 잘하는 법을 알
려주지 않는다. 왜 공부를 해야 하는지도 알려주지 않는다.

훈: 그러면 안이는 왜 공부하니?

안: 영어 공부는 번역기 없이 외국인과 대화하고 싶어서 하
고, 배움의 이유는 배움의 즐거움 때문에.

화: 정해진 틀이 많아서 스스로 선택할 일이 거의 없는 것 같다.

3) p.414에 "그 누구도 아닌 자기 걸음을 걸어라. 나는 독특
하다는 것을 믿어라. 누구나 몰려가는 줄에 설 필요는 없
다. 자신만의 걸음으로 자기 길을 가거라. 바보 같은 사람

들이 무어라 비웃든 간에." 영화 <죽은 시인의 사회> 인
용문이 있다. 내가 독특하다는 것을 알 수 있을까? 내 독
특함을 어떻게, 언제 알 수 있을까?

안: 내가 다른 사람과 다르다고 느꼈을 때가 있다. 홈스쿨링을
　　선택한 것도 그렇고. 그리고 지금은 나도 아이돌을 좋아하
　　게 되었지만, 친구들은 아이돌을 좋아하고 나는 해리포터를
　　좋아할 때 다르다고 느꼈다.
화: 다른 사람들과 대화할 때 알게 되는 것 같다. 나이에 얽매이
　　지 않고 생각하려다 보니 실제로 또래와 다른 점을 종종 느
　　낀다.
훈: 두 번의 경험이 생각난다. 한 번은, 중학생일 때 교회에 다니
　　면서 느꼈다. 교회에 다니니까 더 잘 살아야 한다는 생각에
　　학교 친구들과 좀 달랐던 것 같다. 그리고, 대학에 가고 나서
　　처음으로 '나'를 알아가는 시기가 있었다. 나를 알아가고 예
　　수를 믿는다는 것이 나를 독특하게 만들어온 것 같다.
　　'경험', '선택'. 이런 것들이 각 개인을 구성하는 중요한 요소
　　가 되는 것 같다.

　　　열아홉 번째 책수다 이후 1년여간의 공백이 있었던
책수다를 다시 시작하게 되었다. 우리 부부가 읽은 홈스쿨
링에 대한 책을 안이도 같이 읽고 이야기를 나누어보면 좋

겠다는 생각에 이 책을 안이에게 권했다. 그것을 계기로 흐지부지 되어가던 책수다가 재개되었다.

이 책은 우리 가족이 홈스쿨링에 대한 생각을 정리하는 데 많은 영향을 준 책이다. 막연했던 것들을 정리해주어 고마웠던 부분이 한두 군데가 아니다. 무엇보다 책 초입에서, 아이가 무언가를 배우는 데 선생님이 꼭 필요하다는 것은 '착각'이라는 말이 충격적일 만큼 새로웠다. 아이들 각자 가지고 태어난 호기심을 따라가며 스스로 익히고 배우는 것도 있다는 것. 덕분에 배우는 데 꼭 선생님이 있어야만 하는 게 아니라는 것을 처음으로 생각해 보게 되었다. 그리고, 우리는 아직도 '교육=학교'라는 사회 통념에 사로잡혀 있었다는 것도 알게 되었다(p.131). 홈스쿨링을 진지하게 생각하게 되기 전까지 나또한 이 등식에서 벗어나지 못했다. 대부분의 부모들이 이 등식에서 벗어나는 것을 생각하지 못하고 있다. 바라기는, 한국의 공교육이 획일적인 통제에 바탕을 둔 방식에서 민주적인 자율권에 바탕을 둔 방식으로 획기적인 변화가 일어나기를 진심으로 바란다. 너무 멀지 않은 미래에 말이다.

책을 읽어가던 중 뭉클했던 반디의 고백을 옮겨본다.
"초등학교 때의 많은 상장과 영광의 뒤에 또 2년간 홈스쿨링을 하는 동안, 적극적인 엄마의 조언과 도움이 있었다는 것을 인정하지 않을 수 없다. 하지만 이번 결과는 순전히 나 스스로 이뤄낸 것이기에 더욱 기분이 좋고 함께 공부한 친구들이 그것을 인정해주는 것이 무엇보다 기쁘다. 첫 학기 초에 엄마가 생각했던 방법과 내가 가고자 하는 방법이 달라 마찰이 일어났을 때, 전적으로 나를 믿고 내 생각대로 할 수 있게 해 준 것이 너무 고맙다. 비로소 모든 것을 내 책임과 의무로 가져온 순간이었다. 시행착오도 있었고 좀 더 좋은 피드백을 놓친 것도 있다. 하지만 그러면서 내가 앞으로 어떻게 해야 하는지 머릿속에 있던 생각이 말로 정리가 되었다. 최선의 선택이 아니었어도 내가 선택한 것에 최선을 다하면 그것을 최선을 넘어 최고의 선택으로 만들 수 있다는 것을 알게 되었다."(p.396)

그리고, 가장 공감했던 저자의 한 문장이다.

"이 길의 끝이 아주 작고 미미할지라도 끝까지 가는 내내 아이의 오늘이 행복했으면 하는 바람이었다."(p.57)

저자와 같은 마음으로 내 곁에 있는 지극히 평범한 아이를 바라보며, 신뢰하며 걸어간다. 우리의 선택이 후회가 되는 길일지라도, 그 후회마저 배움으로 남을 수 있다고 믿는다.

「역사의 쓸모」

최태성 지음 / 다산초당

수닷거리 준비: 안

1) 이 책에 대한 감상평을 한 줄로 표현한다면?

안: "내가 역사의 악역이지 않기를 바란다."

　　책 내용 중에 세상이 더러워져도 나는 더러워지지 않겠다는

　　의미가 멋있었다.

　　훈: 그러면 역사에 악역이 되지 않는다는 건 뭘까?

　　화: 깨어있는 민주시민이 되는 것.

　　안: 투표를 하거나 의무를 잘 이행하는 것.

훈: "역사를 공부하는 것은, 성찰하는 힘을 기르는 것."

　　이전에는 역사가 재미있는 이야기였는데, 이 책에서 알게 된

　　역사는 내게 어떻게 살 것인가에 대한 메시지를 주는 것이더

　　라. 성찰의 도구로서의 역사를 생각하게 되었다.

화: "나를 돌아보기에는 역사책이 제격이다."

그리고, 역사의 인물들을 정말 단편적으로 알고 있었구나
생각했다.

2) 내용 중 가장 와닿았던 역사 이야기는?

안: 장수왕(p.147).
　때로는 자존심을 죽이고 선택을 해야 하는 경우도 있다는
　것을 생각해 볼 수 있었다.
훈: 정도전(p.169), 김육(p.180).
　두 사람의 공통점은 거듭된 실패에도 꿈을 접지 않고 끊임
　없이 시도했다는 것이다.
화: 박상진(p.204).
　일제강점기에 판사의 자리를 내던지고, 정의를 위해 독립운
　동의 자리를 선택한 것이 가능한 일인가 싶었다.

3) 책 속에 "꿈은 명사가 아니라 동사여야 한다"(p.204)는 말처럼, 지금 우리의 꿈은 무엇인지 명사가 아닌 동사로 꿈을 표현해보자.

안: 천국에 갔을 때, 나눔의 삶을 살았다고 당당히 말하는 것이
　꿈이다.
훈: 사람들이 스스로 배우고 성장의 기쁨을 알도록 돕는 것이

꿈이다.

화: 좋은 책과 정보를 권하며 도움이 필요한 사람들의 성장을
돕는 것이 꿈이다.

4) 시간이 많이 지난 후 역사의 흐름 속에서 개인적으로
2020년을 바라본다면 어떨까?

화: "코로나"와 "홈스쿨링" 두 단어로 표현될 것 같다. 코로나로
인해 현재로선 많이 힘든 상황이라 조심스럽긴 하지만, 후
대에서 다른 각도로 보면 긍정적으로 미친 영향도 있을 것
같다.

훈: 팬데믹 시대에 우리 가족 안에서 남은 유산은 "자전거"가 아
닐까 싶다. 자전거를 오래 타다 보니, 의미를 생각해 보게 되
더라. 앞으로 나아가야만 넘어지지 않는다는 것. 휘둘리지
않고 앞으로 나아가는 것을 자주 생각하게 된다. '어떻게 온
전한 개인으로 자라 갈 것인가.'

안: "자기만 생각하는 사람"과 "모두를 생각하는 사람"이 구분
되는 한 해로 정리될 것 같다. 코로나 방역에 대처하는 자세
를 보면서 구분되어 보였다.

「역사의 쓸모」는 가까운 지인에게 선물을 받아 읽게
되었다. 읽으면서 고맙고 또 고마웠다. 지금도 꿰어져 가고

있는 역사 속에서 나의 쓸모를 생각해 보는 계기가 되었다. 그런 마음으로 남편과 아이에게도 권했고 책수다로 이어졌다. 이 책은 몇 년도에 어떤 사건이 있었냐를 늘어놓은 단순한 기록이 아니다. 들어가는 말에 쓰인 대로 사람을 만나는 인문학이다. 덕분에 심리학이나 철학보다 오히려 더 깊이 있게 자신을 돌아보게 하는 것이 역사더라는 남편의 나눔이 가능했을 것이다.

나는 어릴 때 역사 과목을 싫어했다. 암기 과목이라고밖에 인식하지 못해 수업 자체가 부담이었다. 그러다 보니 시험 직전에 단기로 외워 시험이 끝나면 들여다보지 않는 책이었다. 역사의식이라는 것조차 모르는 학생이었다. 반대로 안이는 어릴 때부터 지금까지 역사에 관심이 많다. 학교에서 역사를 배우기 전에 동네 도서관에 있는 5mm가 채 안 되는 얇은 시리즈의 역사책과, 역사 속 공주와 왕자에 대한 학습 만화로 역사를 처음 접했다. 마냥 재미있는 옛날 이야기로 접했던 것이, 단순한 이야기가 아닌 역사라는 것을 자연스럽게 알게 된 것이다.

역사를 모르던 나는 사십 대가 되어 제대로 책을 읽기 시작하면서 역사를 모르는 부끄러움을 알게 되었다. 지금이라도 역사를 조금씩 알아가는 것이 얼마나 다행스러운 일인지 모른다. 다음 세대 아이들의 역사 수업은 단순히 시험 점수를 잘 받기 위해 외워야 하는 지루한 공부가 아니기를 바란다. 이 책의 저자처럼 아이들의 삶에 거울이 되는,

올바른 역사를 말해주는 수업으로 발전하기를 진심으로 바란다.

각자의 꿈을 직업으로 표현되는 명사가 아닌, 구체적으로 움직이는 동사로 들여다보게 하는 책(p.204-215)을 만난 것은 행운이다. 아이들에게 꿈을 물어보는 것이 조심스러워진 요즘, 더 이상 명사가 아닌 동사로 꿈을 물어본다면 조금은 더 편안한 대화가 가능하지 않을까.

한눈파는 부모수업

책수다 7

「선량한 차별주의자」

김지혜 지음 _창비

수닷거리 준비: 화

1) 표지 그림이나 제목에서 느껴지는 바를 자유롭게 나누자.

안: 제목이 너무 좋다. 어쩌면 우리 모두가 제목과 같은 차별주의자일지도 모르겠다는 생각을 했다. 흥미를 끌 수 있게 제목을 잘 지었다.

훈: 표지 그림에서 다수의 하얀 오리들은 고개를 들고 있고, 한 마리 검은 오리만 고개를 숙이고 상처가 나 있다. 책의 내용을 잘 담아 표현했다.

화: "선량한"이라는 단어를 잘 선택한 것 같다. 선량한 듯 보이나 실상은 차별을 하고 있는 다수, 악한 의도는 없는 차별 또는 인지하지 못하고 있는 차별을 제목에서 잘 표현했다.

2) "차별이 없는 상태에서도 사람들은 지금과 같은 선택을

할까? 고정관념과 편견이 없는 사회에서 자랐어도 우리
의 관심과 적성이 정말 현재와 같았을까?"(p.75)
어느 날 눈을 떠보니 차별 없는 사회가 되어 있다면, 사람
들은 어떤 선택을 할까? 달라지는 것은 어떤 것이 있을까?

안: 차별이 없는 세상은 불가능하다. 누군가 또 다른 차별을 만
들 것이다. 인간들은 무언가를 지배하려는 욕구가 있는 것
같다. 그래도 달라진다면, 대치동이 사라질 것이다. 학생들
은 학업 스트레스가 없어지고, 회사 면접 기준도 많이 달라
질 것 같다.
훈: 행복을 기준으로 선택을 할 것이다. 차별이 없다면 좀 더 다
양한 직업을 선택할 것이다.
화: 자살이나 살인 등과 같은 무시로 인해 생기던 문제가 사라
질 것이다. 사람들의 표정에는 미소가 자주 보이고, 차별받는
인식이 사라지니 하고 있는 일에 만족도도 높아질 것이다.

3) p.115-116에서 우리나라의 28.3퍼센트의 아동 청소년이
"공부를 못한다는 이유"로 차별을 당한 경험이 있다고
한다. 그런 경험을 했거나 현장을 본 적이 있는지, 친구들
사이에서는 어떤 것으로 차별을 하는지 말해보자.

안: 학교에서 말썽을 일으켰을 때 공부를 잘하는 아이면 선생님

한눈파는 부모수업

이 봐주시고, 공부를 못하는 아이면 혼나는 경우가 있었다. 6학년 때 친구들은 공부 잘하는 친구를 부러워하고, 공부를 못하는 아이들끼리 친해지기도 했다. 그리고 초등학교 때 기억이 나는 건, 체육 시간에 선생님이 주장 두 명을 지정하고 가위바위보로 팀원을 뽑게 했는데 주장이 팀원을 뽑는 그 상황이 불편했다.

-> 어떻게 했다면 좋았을까?

안: 둘씩 짝을 지어서 각각 가위바위보를 한 후 이긴 팀과 진 팀으로 해서 둘로 나누었다면 좋았을 것이다. 그래야 한 명씩 뽑았을 때 마지막에 남아서 속상한 아이가 없었을 것 같다.

그렇다면 학교에서의 차별을 없애기 위해 학교가 어떻게 변하면 좋을까?

안: 좀 심한 방법일 수 있지만 선생님을 차라리 AI로 바꿨으면 좋겠다고 생각한 적이 있다. 아이들에게 상처 주는 선생님이 많다.

화: 안이의 의견에 덧붙여보자면, 과목별로 AI 선생님을 두고 학년별로 상담 선생님을 따로 두는 것도 생각해볼 수 있겠다. 상담 선생님은 성적이 아니라 인성에 중점을 두고 제대로 선별된 분이면 좋겠다.

훈: "차별"이라는 과목을 만들어서 1년 정도 이 과목을 배우는

것도 좋겠다. 차별을 의도적으로 모두 겪어보기도 하고, 토론도 하고, 여러 상황을 만들어서 이야기해보는 시간을 갖는 것이다.

4) p.156에 장애인 이동권 보장 촉구 시위가 있었던 당시 시민들의 반응에 대한 부분이 있다. 그 시위로 인해 6개 정거장을 가는 데 1시간 40분이 걸리기도 했다는데, 나는 이런 현장에 있게 된다면 어떤 것을 할 수 있을까?

안: 우선 기다리는 상대방에게 늦는다고 연락하기 —> 시위하는 분께 도울 것이 있는지 물어보기 —> 없다면 다른 교통수단을 이용해서 이동.

훈: 삶의 중대한 일이 없다면, 그 시위하는 곁에 함께 있는다.

화: 시위하는 분들에게 욕을 하고 비난하는 사람들에게 분노가 일어날 것 같다. 특별한 것을 하지 못해도 시위하는 주변에서 쭈뼛쭈뼛 서 있을 것 같다.

5) "차별을 둘러싼 긴장들은 '내가 차별을 하는 사람이 아니면 좋겠다'는 강렬한 욕망 혹은 희망을 깔고 있다. 정말 결정해야 하는 것은, 그럼에도 불구하고 세상의 불평등과 차별을 직시할 용기가 있느냐는 것이다." (p.188)
내가 하고 있는 것이 차별일지도 모른다는 의심을 가져보는가?

화: 차별하고 있다고 인식되는 부분이 있는데 그대로 두는 것이 있다. 이 자리를 빌어서 고백한다.

안: 그렇게 둠으로써 엄마가 얻는 유익은?

화: 일단은 그냥 두는 게 편하다는 거지(상황을 자세히 나눔).

안: 매주일 예배를 드리면서 그런 걸 그냥 넘기면 안 되죠.

화: 그래서 늘 죄책감을 고백해.

안: 고백만 하잖아.

화: 맞아... 뭘 할 수 있을까?... 그러면 1단계로 그 사람을 더 이상 피하지 않고, 만나면 안부를 묻고 인사하는 것부터 할게.

이 책의 209페이지에 영화 <우리들>이 언급된다. 영화 초반에 피구 경기에서 선을 따돌리던 아이들이 금 밟았다고 나가라고 하던 장면이 있었는데, 영화 말미에는 지아에게 같은 상황이 벌어진다. 그때 선이 지아를 위해 목소리를 낸다. "한지아 금 안 밟았어!"

이 날 우리는 책수다를 마무리하면서 우리 가족이 선이와 같은 용기를 가지자고 마음을 모았다. 궁지로 몰리고 있는 누군가를 위해서 "금 안 밟았다!"라고 항변의 목소리를 제대로 낼 수 있는 용기를 갖고 싶다. 그리고 우리가 알게 된 차별을 사람들과 이야기 나누면서 이 세상에 조금이

나마 차별에 대한 안테나를 세운 사람이 늘어나도록 힘써 보자며 책수다를 마무리지었다.

 열여덟 살이 된 안이의 후기

안: 제목부터 벌써 가슴을 찌르는 책이었지.

화: 맞아.

안: 근데 나 지금 학교가 혜화잖아. 장애인 이동권 보장 촉구 시위 진짜 많이 해.

화: 오, 그래? 책수다 대답과 비교해서 지금의 너는 어때?

안: 그냥 돌아서 가고 있어요. 좀 부끄러운데, 너무 소리가 커서 스트레스일 때도 있어. 그분들의 요청이 있다면 도울 것 같기도 한데, 그게 거의 불가능해. 근처에 경찰들이 깔려 있어서 주변에 갈 수 있는 상황도 아니야. 나 많이 현실적이어졌다.

화: 근데 네 말 듣고 보니 우리가 그때는 현장을 한 번도 본 적이 없는 상태여서 너무 이상적으로만 말한 것 같기도 해.

안: 맞아. 막상 자주 보니까 생각이 좀 달라지는 것 같긴 해.

「공부할 권리」

정여울 지음 / 민음사

수닷거리 준비: 훈

1) 와닿은 글귀가 있다면?

안: p.116 "비록 많은 것을 잃었지만 또한 많은 것이 남아 있으니, 예전처럼 천지를 뒤흔들지는 못할지라도 우리는 여전히 우리다."

— 이 문장에서 '우리'라는 단어가 좋았다. 많은 것을 잃었지만 '우리'가 남아있다는 것은 아주 많은 것이 남은 것이다.

화: p.76 "지금 당장 프로메테우스가 될 능력이 없는 저는 바로 이런 코러스가 되고 싶습니다. 진실의 편에 서서 진실이 외롭지 않게 진실을 위해 싸우는 프로메테우스의 어깨를 뒤에서 가만히 쓸어 주는, 진실의 가녀린 목소리가 세상 속으로 더 잘 울려 퍼질 수 있도록, 고독한 진실의 따스한 울림통이

되고 싶습니다."

- 늘 진실에 힘을 실어주고 싶으나 용기가 없는 사람들에게
그 또한 의미가 있음을 말해주어 감사했던 문장이다.

훈: p.147 "나무는 위로도 자라지만 아래로도 자랍니다. 아니, 아
래로 자라야만 위로도 자랄 수 있습니다."

- 내면의 성장을 표현한 문장이다. 본질은 보이지 않는 곳
에 있을 수도 있지 않을까 싶다.

안: p.300 "세상은 무섭습니다. 하지만 이 무서운 세상을 아무
도 바꾸려 들지 않는다면 그것이 훨씬 더 무서운 세상 아닐
까요?"

- 이 부분을 읽으면서 우리 독립운동가 분들께 다시 한번 감
사하게 되었다. 그리고 이 세상에 질문을 던지고 맞설 용기
를 주는 글귀다.

화: p.275 "더 이상 세월호 이야기를 안 하고 싶어 하는 분들에
게, 세월호 인양을 경제 논리나 진영 논리로 반대하시는 분
들에게 이 책(「천사들은 우리 옆집에 산다」 정혜신)을 드리
며 함께 이야기를 나누고 싶습니다. 그리고 이렇게 말문을
트고 싶습니다. '당신은 나의 적이 아닙니다. 우리도 그날 이
후 돌이킬 수 없는 트라우마를 같이 경험하고 있으니까요.

당신의 거부감은 당신이 상처받았다는 증거가 아닐까요. 그런 우리가 함께 이야기를 나눌 순 없을까요.'"

– 나는 그런 사람들을 적대시해 온 것 같다. 한 번도 생각해 보지 못한 답변에서 작가의 깊이를 배웠다.

훈: p.333 "나를 가로막는 건 주어진 환경이 아니라 어떤 새로운 질문도 던지지 못하는 권태와 매너리즘이 아닐까? 꼭 질문부터 먼저 해야 하나? 대답부터 먼저 하면 안 될까? 우선 용감하게 '예스'라고 대답해 놓은 후 예스가 가능한 질문이 어디까지인지 생각해 볼까?"

– 평소 질문에 대한 관심이 많은데, 질문의 출발점을 완전히 뒤집은 작가의 관점이 인상적이다.

안: p.342 "어떻게 하면 내 그림자를 인정하고 이를 가장 잘 이용할 수 있을까? 어떻게 하면 그림자가 나만의 가장 깊은 욕구와 가치와 소망에 도움이 되게 할 수 있을까? 어떻게 하면 그림자가 내 운명의 여행을 돕는 힘이 되게 할 수 있을까? 이 질문을 피하지 않고 '자기를 향한 기나긴 여정'에 오를 용기가 있는 사람만이 마침내 자신의 어두운 그림자조차 눈부신 파트너로 만들 수 있습니다."

– 사람들은 자기의 어두운 면을 감추기 마련인데, 앞으로 살아갈 때 많은 도움이 될 것 같은 글귀다. 방탄소년단의

"블랙스완" 뮤비가 생각났다. 그림자와 함께 춤을 추는 듯한 장면이 있었는데, 그들의 어두운 면마저 예술로 바꾸겠다는 것처럼 보여 감명 깊었다.

훈: p.347 "우선 내가 나를 도울 수 있는가? 스스로에게 질문하고, 스스로를 도울 수 있는 사람으로 거듭날 때 우리는 남에게 도움을 줄 수 있는 사람, 아니 나는 가진 것이 충분하니 반드시 남을 도와야만 하는 사람이라는 행복한 책임감을 느낄 수 있습니다."

– 나는 가진 것이 충분하니 "반드시" 남을 도와야만 하는 사람. 그렇게 되기 위해 공부하고 배워야 한다. 그게 바로 이 책의 제목 「공부할 권리」의 의미인 것 같다.

2) 책 속에 소개된 책 중에 "어머, 이건 꼭 사야 해" 하는 책은?

안: 「라스무스와 방랑자」. 그 아이의 스토리를 읽어보고 싶어졌다.

훈: 「절망의 시대를 건너는 법」. 일본이 지나온 문제점이 지금 우리 사회와 닮아있어서 읽어보고 싶다.

화: 「사슬에 묶인 프로메테우스」. 정여울 작가 덕분에 신화에 관심을 가지게 되어서 이 책을 읽어보고 싶어졌다.

화: 「질문의 책」. 파블로 네루다의 책. p.330의 네루다의 질문을 읽고 꼭 사고 싶어졌다.

안: 「책도둑」. 마커스 주삭의 책. 이 책을 읽으면서 정의에 대해 한번쯤 다시 생각해 보게 될 것 같다. 영화도 보고 싶고.

훈: 「자크 아탈리, 등대」. 인류에게 빛이 된 23명의 평전. 이 책은 전기라기보다 아름다운 단편 소설집 같다는 소개 문구와 자크 아탈리의 이 질문 때문에 책이 궁금해졌다. "당신이 자기 자신이 되려 하는데 모든 것이 그것을 가로막으려고 단합할 때, 어떻게 자기 자신이 될 수 있을 것인가?"(p.324)

3) 이 책의 제목처럼 공부할 권리는 나에게 왜 필요한가?

안: 쉽게 이해하기 위해서 공부할 권리가 필요한 것 같다. 아는 만큼 보이니까. 특히 역사나 세계관은 더욱 그런 것 같다.

훈: 세계를 잘 이해하기 위해. 공부를 할수록 내가 아는 세상이 너무 좁은 걸 알게 된다.

화: 나를 알고 세상을 알아가기 위해 공부는 멈춤이 없어야 할 것 같다.

4) 그렇다면 내가 하고 싶은 공부는?

안: 판타지처럼 재미있는 공부를 하고 싶다. 뭐든 공부를 해서 알아야 지킬 수 있고, 더 중요한 부분에 빛을 비출 수 있다. 제대로 안다는 자체에도 의미가 있다.

화: 책을 잔뜩 읽고 싶다. 다양한 분야를 읽어야 할 것 같아서 숙제처럼 읽는 경우도 많은데, 읽고 싶은 책만 읽어도 공부가 되었으면 좋겠다.

훈: 과학 공부를 하고 싶다. 과학은 다양한 분야에서의 이해를 도와준다. 상대성 이론도 공부해보고 싶다.

5) p.200 "우치다 타츠루의 「절망의 시대를 건너는 법」을 읽으며 저는 지금 이 순간 제가 만들 수 있는 천국은 어떤 곳일지 꿈꿔 보았습니다. 그 첫 번째 이미지가 바로 서로 책을 읽어 주고 듣고 공감하고 수다를 떠는 작은 낭독의 공동체였지요."
내가 지금 만들고 싶은 천국은 어떤 곳인가?

안: 넓은 잔디가 있고, 다 같이 웃고 뛰놀 수 있는 곳.

화: 바쁨 없이 몰입이 가능한 1인 사색의 방들이 있는 곳.

훈: 수다 공동체. 우치다 타츠루가 꿈꾸는 천국에 공감한다. 함께 책을 읽고 서로의 생각을 이야기하고 들어주고 자신과 다른 생각도 경청하는, 자기 이야기를 할 수 있는 공동체.

「공부할 권리」는 이야깃거리를 끝없이 꺼낼 수 있을 만큼 풍성한 책이다. 평소 책을 고르던 내 취향대로였다면 책 제목과 표지만 보고 그냥 지나쳐버릴 법한 책이었다. 하지만 다행히도 평소 책을 많이 보는 지인의 강력한 추천 덕분에 이 책을 읽게 되었다. 책을 읽는 동안 깊이 있는 내용도 이렇게 쉽고 재미있게 쓰일 수 있구나 감탄했다. 열네 살인 아이도 소화할 수 있을 것 같아 권했더니 역시나 아이도 술술 읽어냈을 뿐 아니라, 책을 덮으며 엄지 척을 했다.

책수다를 시작하고 와닿았던 글귀가 있었냐는 질문 하나로 한 시간이 훅 하고 지나갔다. 그중에 남편이 고른 "나무는 위로도 자라지만 아래로도 자랍니다. 아니, 아래로 자라야만 위로도 자랄 수 있습니다."(p.147) 이 글귀로 내면의 성장에 대한 수다가 풍성하게 이어졌다.

이 책을 통해 우리가 진정 해야 할 공부는 어떤 것인지 생각해볼 기회가 되었고, 나는 사십 대가 되어서야 공부할 권리를 제대로 누리기 시작했다는 걸 알았다. 공부는 태어나는 순간부터 죽는 마지막 날까지 이어지는, 자신을 알아가고 세상을 알아가는 방법일 것이다. 모두가 제대로 공부할 권리를 찾아 누리기를, 오랫동안 제 의미를 찾지 못하고 무게 중심을 잃은 '공부'가 다시 제자리를 찾을 수 있기를 진심으로 바란다.

「아몬드」

손원평 지음 / 창비

수닷거리 준비: 안

1) 이 책에 별점을 준다면? (최고 5점)

안: 4.5점. 흡입력이 너무 좋다. 읽고 나서 계속 생각났다. 나비 장면처럼 사실적인 표현도 좋았다. 생각하게 하고 질문을 던지는 책이다.

훈: 4점. 청소년과 부모들이 읽기에 좋은 책이다. 청소년 시기를 이해하는 데 도움이 될 것 같다. 잘 읽히기는 하나, 인생의 깊은 진리를 찾지는 못했다. 나의 세대의 이야기가 아니라서 그런가 싶다.

화: 4.5점. 대부분의 사람들과 다른 윤재가 겉으로는 담담해 보이지만 속으로는 애를 쓰는 버둥거림이 보였다. 그런 면에서 이입이 되었고 세상 모든 사람이 똑같은 감정을 가지고 있지 않을까 하는 생각이 들었다.

2) 이 책의 부제를 지어본다면?

안: 아몬드, 불가능에 대하여

훈: 아몬드, 느낄 수 없는 소년의 성장기

화: 아몬드, 정상과 비정상을 분리하는 무의미함

3) 남들과 비슷하다는 걸 뭘까? "평범"에 대해서 이야기해 보고 싶다.

훈: p.81 "부모는 자식에게 많은 걸 바란단다. 그러다 안 되면 평범함을 바라지. 그게 기본적인 거라고 생각하면서. 그런데 말이지, 평범하다는 건 사실 가장 이루기 어려운 가치란다" 라는 신박사의 말이 질문에 딱 맞는 말이다.

화: 사실은 존재하지 않는 것 아닌가.

훈: 존재하지 않기 때문에 이루기 어려운 것 아닐까? 이를테면 신기루 같은.

안: 평범한 인생의 반대말은 모험하는 인생인 것 같다.

훈: 평균에 가까운 것이 평범과 비슷한 개념이 아닐까? 그런 개념이라고 생각했을 때, 우리는 평범을 원하나? (평범한 삶 vs 평범하지 않은 삶)

안: 지금 여기에 눈에 보이는 데이터가 없기 때문이겠지만, 나는 평범을 원하지는 않는 쪽이다.

훈: 내가 원하는 삶은 평범보다는 적극적인 도전이 있는 삶이다.

화: 혹시라도 저 바닥에 있게 될 용기가 없기에, 평범을 선택하겠다.

4) "불가능"한 것은 어떤 것이 있을까? 그것은 정말 불가능할까?

안: 불가능해 보이는 것들이 사실 가능한 것이 많더라. 하늘을 나는 것이 불가능해 보였지만 도전하는 사람으로 인해 가능해진 것처럼.

화: 타인을 아는 것. 그것은 아무리 발전해도 불가능한 일이지 않을까.

안: 모두가 평범해지는 것, 인간을 온전히 두 부류로만 나누는 것, 사후세계를 아는 것, 나를 아는 것.

화: 지구를 되돌리는 것.

안: 모든 사람이 좋은 세상이라고 말할 수 있는 세상. 생각해 보니 불가능한 것이 정말 많다.

5) 인상적이었던 단어나 문장이 있다면?

훈: p.153 온기.
  "어딘가를 걸을 때 엄마가 내 손을 꽉 잡았던 걸 기억한다.

엄마는 절대로 내 손을 놓지 않았다. 가끔은 아파서 내가 슬며시 힘을 뺄 때면 엄마는 눈을 흘기며 얼른 꽉 잡으라고 했다. 우린 가족이니까 손을 잡고 걸어야 한다고 말하면서. 반대쪽 손은 할멈에게 쥐여 있었다. 나는 누구에게서도 버려진 적이 없다. 내 머리는 형편없었지만 내 영혼마저 타락하지 않은 건 양쪽에서 내 손을 맞잡은 두 손의 온기 덕이었다."

안: p.226 불가능.

"내가 누워 있는 동안 거짓말처럼 엄마가 깨어났다. 모두가 불가능하다고 했던 무언가를 엄마가 해낸 거다. 그런데 엄마는 다르게 말했다. 모두가 불가능하다고 했던 무언가를 내가 해냈다고. 나는 고개를 저었다."

화: p.150 네 별난 머리 덕에.

"두 가지 이유가 있었어. 하나는, 적어도 너는 다른 사람들처럼 날 쉽게 판단하지 않더라고. 네 별난 머리 덕에. 그 별난 머리 때문에 나비니 뭐니 뻘짓만 했지만…."

불가능한 것에 대해서 이야기할 때는 아이의 생각이 훌쩍 자라있었다는 것을 느꼈다. 책수다를 거듭할수록 하길 잘했다고 느끼는 건, 평소에 하기 어려운 대화가 가능하다는 것이다. 그 덕분에 아이의 생각이 얼마만큼 자라고 있는지 엿볼 수 있는 시간이 된다.

인상적이었던 페이지를 나누며 남편이 나눈 온기에 대한 이야기에서 모두 공감했다. 윤재의 양쪽에서 손을 맞잡은 두 손의 온기가 있었기에 윤재는 곤이에게 결국 온기를 나누는 사람이 될 수 있었다는 이야기. 예전에 남편과 자녀 교육에 관심이 있는 아빠들이 함께했던 팟캐스트 <대디스톡>에 게스트로 나오신 학교 선생님이 하셨던 말이 있다. "One adult". 자신을 믿어주는 단 한 명의 어른만 있다면 우리 아이들은 잘 자랄 수 있다는 말씀이었다. 안타깝게도 곤이에게는 없었던 단 한 명의 어른. 그 부분이 소설을 읽는 내내 가슴을 계속 찔렀다.

「아몬드」. 윤재의 성장을 통해 우리의 과거와 현재와 미래를 생각해 보는 시간이었다.

「시선으로부터」

정세랑 지음 / 문학동네

수닷거리 준비: 훈

1) 전체적인 소감을 말해보자.

안: 정세랑 작가는 천재다. 구석구석 좋은 문장들이 정말 많다. 책 한 권에 여러 사람의 스토리가 섞여 있는데 하나하나가 부족하지 않고 풍성하다.

화: 작가가 가진 세계관이 참 좋았다. 이 책을 읽는 동안, 작가가 이야기 곳곳에 숨겨 놓은 세계관을 찾아내는 보물찾기 같았다. 개인적으로 '올해의 책'이 될 듯하다.

훈: 동감이다. 나에게도 올해의 책이 될 것 같다. 가족들이 다같이 여행하는 중의 내용이라 외할머니 살아계실 때 외가 식구들이 모이던 장면이 많이 떠올랐다. 책 속 여성들의 이야기도 좋고, 뒷표지에 김보라 감독의 추천사도 좋았다.

2) 각 인물들이 심시선과 자신의 추억을 생각하며 하와이 현지에서 준비해 온 것으로 차린 제사상이 만들어졌다. 제사상에 올라온 것 중에 가장 마음에 드는 것은 무엇인가?

안: 다이버 규림의 증서. 가장 오래갈 선물이고, 참신했다.

화: 명혜의 훌라춤. 부끄러움을 무릅쓰고 엄마에게 춤을 선물한 마음과 훌라를 배우는 과정에서 로컬의 의미를 배워간 시간들이 좋았다.

훈: 화수의 팬케이크. 작가가 메인 메시지를 던지고 싶었던 인물이 화수일 거란 생각이 들었다. 팬케이크 가게 주인이 기꺼이 이 가족의 공간으로 와서 함께해 준 것. 그 과정에서 분명 화수에게 치유가 일어났을 것이다.

3) 심시선의 가족 중 자신과 가장 닮은 캐릭터가 있다면?

안: 지수 + 규림. 지수의 무덤과 다가오는 사람에게 열려 있음 + 규림의 먼저 다가가지 않음과 물을 좋아함.

화: 우윤. 체력적으로는 약한 사람이지만 도전을 피하지 않는 것.

훈: 태호. 집안일을 도맡아함(웃음). 목표가 된 것을 위해서 꼼꼼히 준비하는 모습 그리고 자전거를 좋아함.

4) 내 부모의 10주기 기일에 제사상에 올리고 싶은 선물이
   있다면?

안: 아빠 – 신상 자전거: 아빠와 떼려야 뗄 수 없는 사이/ 엄마
   – 엄마가 그동안 썼던 글을 모아 만든 책 한 권.
훈: 아빠 – 웃으시는 모습 사진/ 엄마 – 만들어 주시던 레시피
   그대로 만든 만둣국.
화: 엄마 – 자식과 손주들의 대화 목소리 녹음 파일 틀어드리기.

5) 화수의 상처를 치유할 수 있을까? 화수에게 건네고 싶은
   말은?

안: 내가 아직 위로의 말을 할 수 있는 나이는 아닌 것 같다. 행
   동으로 할 수 있는 건, 그저 옆에 있어주기 또는 내가 꿋꿋
   이 잘 자라는 모습 보여주기.
훈: "네 탓이 아니야. 기다릴 테니 너를 기다리는 사람들이 있는
   곳으로 돌아오렴."
화: 기억하고 있다는 내용의 무심한 듯 툭 보내는 안부 문자. 기
   다린다는 말조차도 없이 담백하게 보내고 싶다.

   먼저 읽고 다시 함께 읽고 싶어 권했는데, 남편도 안
이도 읽어보고는 무척 좋아했다. 이럴 때면 기분이 좋아진

다. 사소한 공감의 순간들이 쌓여서 우리 관계에 영향을 준
다는 걸 아니까.

등장인물들을 한 명 한 명 들여다보며 나는 어떠한지
너는 어떠한지 생각해 보는 기회가 되었다. 책을 통해서 그
안에 담긴 의미를 살펴보는 것도 좋지만, 인물에 비추어 나
를 알아가는 것도 의미 있는 시간이 된다.

남편이 각자 부모의 10주기에 대한 질문을 던졌을 때
너무 무거운 질문이 아닌가 생각했지만, 괜한 걱정이었다.
심시선을 기념하는 가족들의 분위기가 무겁지 않아서였는
지 우리의 수다 분위기도 무거워지지 않았고, 부모님이 현
재에 좋아하시는 것이 무엇인지 생각해 볼 수 있어 오히려
좋았다. 더불어 안이의 부모인 우리는 안이가 우리를 얼마
나 알고 있는지 점검할 수 있기도 했다(웃음). 우리 셋 모두
정세랑 작가의 다음 소설을 기다린다. 같은 작가를 좋아하
게 되는 이러한 공감이 참 좋다.

책수다 11

「소년을 읽다」

서현숙 지음 / 사계절

수닷거리 준비: 화

1) 가장 좋았던 문장은?

안: p.179:12–14 "모퉁이를 돌 때마다 나는 나의 편견과 마주쳤고, 그렇게 흔들려온 봄, 여름, 가을이었다."
— 시적인 표현이 최고였던 문장. 작가의 솔직함이 좋다.

훈: p.29:3–4 "그 시들은 네가 살아가게 될 무수한 시간 어디쯤에서 한 번쯤은 살아나겠지."
— 이처럼 시가 어느 순간 생각나서 내 삶을 위로해주는 순간이 있다. 중학교 때 국어 선생님과 시를 외웠던 좋은 추억이 생각났다.

화: p.207:18–24 "쓸모를 짐작할 수 없는 일이 있다. 그것을 만

드는 사람도, 누군가에게 그것을 주는 사람도, 사용하는 사람도 예측할 수 없는, 그런 쓸모라는 것이 세상 어딘가에서 생기기도 한다. 존재하기도 한다. 아무도 짐작하지 못한 것, 미리 결론지을 수 없는 것이 일정한 기온과 바람을 지난 땅에 맞닿았다. 그리고 쓸모가 만들어졌다."

─ 세상을 데워주는 따뜻한 문장이다. 그리고 존재에 대한 고민을 하는 사람에게 용기가 되는 말일 것이다. 무엇이든 어딘가에서 쓸모를 만들어낼 것이라는 자체가 참으로 행복하게 한다.

2) p.167에서 소년원은 교도소가 아니라 '특수교육기관'이라고 한다. 하지만 실제는 교도소와 거의 같은 시설인데, 만약에 소년원 설계자가 된다면 어떤 새로운 공간이나 구조를 만들겠는가?

안: 따뜻한 색의 조명. 따뜻한 조명은 마음을 평온하게 해 주고, 때로는 기분을 좋게 해 준다. 그리고, 어딘가에 혼자서 편안히 쉴 수 있는 폭신한 1인 소파가 있으면 좋겠다.

훈: 음악감상실. 의자와 헤드폰이 세트로 구성되어 장르별 음악이 나오는 공간. 예술과 관련된 감각을 자극해주는 공간이 있으면 좋겠다.

화: 각 계절에 맞는 꽃으로 가득 채워진 공간. 차가운 그 안에서

도 화사한 세상을 느끼게 해주고 싶다.

3) p.38, 93, 100 등 이 책의 여러 곳에서 소년원 아이들에 대한 사회의 편견을 읽을 수 있다. 이 책을 읽은 후의 나는 어떤 시선을 가질 수 있을까?

안: 책을 읽기 전에는 소년원 자체에 대한 거부감이 컸던 것이 사실이다. 소년원에 간 아이들이 잘못이 없다고는 할 수 없다. 직접 만나면 솔직히 겁이 날 수도 있겠지만, 몇 마디 나누다보면 편해질 수 있을 것 같다. 궁금하겠지만 소년원에 갔던 이유를 물어보지는 않을 것이다. 그리고, 이제는 꼭 그 아이의 잘못만은 아닐 거라고 생각할 수 있을 것 같다. "나 소년원에 다녀왔어"라고 솔직히 말을 해주는 아이라면 이미 좋은 아이일 것 같다.

훈: 현실적으로 서현숙 선생님의 국어 수업을 받은 아이들이라면 모르겠지만, 그렇지 않다면 여전히 경계심은 좀 있을 것 같다. 하지만 이 책 덕분에 편견을 깨려고 노력은 할 수 있을 것 같다. 이 아이들도 그저 "소년"이고, 의도와 상관없이 좋지 않은 상황이 만들어진 경우도 있을 테니까. 하지만 그 상황에서 소년원에 갈만한 선택을 한 것에 대해서는 경계심을 가지게 되긴 할 것 같다. 한 번이 아니라 여러 번 만나게

된다면 여유를 갖고 대해볼 수도 있겠다.

화: 이 책을 읽기 전이라면 같은 공간, 예를 들어 엘리베이터 안에 타고 있는 잠시도 싫었을 것 같다. 이 책을 읽은 후인 지금은 이 아이들도 달라질 수 있다는 희망을 가지게 되었다. 나의 인식도 달라졌다. 그런 면에서 이 책의 역할이 참 고맙다.

4) 책 속 아이들이 이종철 작가의 「까대기*」를 읽은 후 작가와의 만남 시간을 가졌다. 몸을 써서 일해본 경험이 있는 아이들과 작가와의 만남은 달랐다. '세상을 움직이는 손, 일하는 손'(p.197)에 대한 단락을 다시 읽고 드는 생각을 나눠보자.

훈: 매일 아침 지하철 기관사분들에게 감사하다. 역에서 교대하시는 타이밍에 직접 자주 봐서 그런지 감사한 마음이 들었다. 최근에는 스크린도어가 생겨서 많이 나아졌지만 예전에 사고들이 많았다. 예기치 못한 사고로 인한 그분들의 트라우마에 대한 걱정도 되었다. 대중교통을 책임지시는 분들이야말로 상징적으로도 실질적으로도 대표적인 세상을 움직이는 손이 아닌가 싶다.

안: 이 책에서 특별히 언급한 택배기사님처럼 배달하시는 분들

이 감사하다. 그 수고를 생각하면 칼국수가 좀 불어도 되겠다 싶다. 배달하시는 기사분께 "천천히 안전하게 오세요, 불은 면 좋아합니다"라고 메모를 전해보고 싶다.

화: 단순하게 보이는 일이라도 내 생각보다 더 많은 수고의 과정이 있었을 거라는 생각을 늘 가지고 있으려 한다. 서로의 수고에 대해 감사하는 마음을 가지면 좋겠다. 당연히 여기지 않는 고마움이 관계에 온기를 불어넣는다.

5) p.72:5 "소년들의 '다르게 사는 것'을 개인의 의지 문제로만 다루는 것은 적절한 접근 방법이 아니다." 소년들이 '건강한 어른'으로 성장하는 것을 돕는 정책을 만들어본다면?

훈: 멘토 시스템. 사회 전문가들이 퇴원한 아이 1–3명을 꾸준히 만나 그룹 코칭을 하며 삶을 점검해주는 멘토링과 코칭을 하는 것이다. 국가가 비용 부담을 지고 아이들이 잘못된 길로 다시 빠지지 않도록 돕는 시스템을 마련해서, 성공 사례가 나오면 그 아이가 자라 다시 멘토가 되는 선순환이 이루어지면 좋겠다.

안: 어떤 사고를 저질렀느냐에 따라 다르겠지만 중대 범죄가 아

니라면 처음 한 번은 소년원 기록을 지울 수 있게 해 주는 정책. 대신 다시 소년원에 들어가게 되면 지울 기회가 사라진다. 성인이 된 이후에 기간을 정해서 의무 기간동안 성실하게 법을 잘 수행하면 기록을 지울 수 있게 해 준다.

화: 첫 퇴원 직후, 한 번은 이사할 수 있는 여건을 국가가 마련해 준다. 새로운 지역에서 가족 전체가 새롭게 시작할 수 있는 환경을 만들어 주는 것도 방법이 될 것 같다.

책 한 권을 읽기 전과 읽은 후는 같은 사람일 수 없다는 문장을 본 기억이 있다. 「소년을 읽다」는 그 전후가 분명하게 달라지는 책이다. 이날 우리가 책수다에서 뱉었던 말은 잊어버릴 수도 있다. 하지만 책을 읽기 전에 가지고 있었던 그 소년들에 대한 편견을 책을 읽는 동안 우리는 깨뜨렸다. 그것이 다시 풀칠되어 붙을 일은 없을 것이다. 남편은 책수다를 하면서 종종 좋은 책에 대한 개인적인 기준을 말해왔다. 전혀 모르고 있던 지식을 알려주거나 새로운 생각을 주는 책이 좋다고 말이다. 그런 기준에서 남편은 이번 책수다를 하면서 참 좋은 책이라는 말을 여러 번 했다. 우리가 알지 못하던 어두운 세상에 조명을 하나 더 달아주는 이런 책이 참 좋다. 고맙다. 김동식 소설가의 추천사에 깊이 공감하며 이 곳에 남겨본다.

한눈파는 부모수업

"책 속에서 아이들의 표정이 보이기 시작하면서부터 글을 읽는 것 자체가 선물이 되었다. 한 명 한 명이 고맙다. 그 순수함이 고맙고, 예의 바른 게 고맙고, 열심히 하는 게 고맙고, 다르지 않음이 고맙다. 우리가 모르던, 모르려던 아이들을 알게 되어 감사하다."

*까대기: 택배 상하차

「어린이라는 세계」

김소영 지음 / 사계절

수닷거리 준비:안

1) 별점 주기 (최고 별 5개)

화: 별 5개. 기본적으로 읽기 쉽게 쓴 책이 좋은 책이라 생각한
다. 놓치기 쉬운 부분을 잘 캐치하고 정리해서 함께 살아가
는 법을 알려준 책이다. 그리고 딱 내 스타일이다(웃음).

안: 별 5개. 감점할 이유가 없었다. 좋은 메시지가 수두룩하고,
작가의 생각과 내 생각이 일치하는 부분도 많았다. 가독성
도 좋았고 심지어 표지까지 좋다.

훈: 별 4개. 안이 의견에 동의하지만 별 5개를 주는 개인적인 기
준은, 완전 새로운 지식이나 생각이 들어있는 책일 경우다.
평소 우리가 느끼고 있는 바를 잘 정리해준 책이다.

2) 가장 좋았던 문장은?

안: p.219:6 "사회가, 국가가 부당한 말을 할 때 우리는 반대말을

찾으면 안 된다. 옳은 말을 찾아야 한다."

– 무릎을 탁 치게 만드는 말이었다. 어느 쪽도 절대 선은 없는 것 같다. 정치를 보더라도 절대 선이어서가 아니라 그래도 악한 일을 하지 않는 쪽에 속하니까 그나마 ㅇㅇ당을 선택하는 것 같다. 언젠가 제대로 옳은 일을 하는 정당이 나왔으면 좋겠다.

훈: p.179:9 "고마워서 사랑한 게 아닌데. 엄마 아빠가 좋아서 사랑했는데. 은혜에 대한 보답이 아니라 사랑에 대한 응답이었다."

– 감탄! 삶의 본질을 알려주는 새로운 시각, 새로운 표현이었다. 우리(어른)는 경험 때문에 그런 것인지 아이들의 사랑이 보답이라고 생각하게 된 것 같다. 우리도 부모님의 사랑에 대한 응답으로서 그분들을 사랑한 것이었다.

화: p.199:7-8 "만일 어린이들 덩치가 할아버지만 했다면 뒤에서 헷갈리지 않았겠지. 할아버지도 한 명, 어린이도 한 명이라는 사실이."

– 아이를 어른에게 딸린 존재가 아니라 온전한 존재로 존중해야 한다는 표현이다. 은연중에 개개인으로서 존재하는 아이를 무시하는 경우는 없는지 돌아보게 하는 문장이었다.

3) p.34-36에 예지와 「사람 백과사전」을 읽고 장애인/ 비장
   애인처럼 다양한 체형과 신체 상태를 그린 이 책의 주제
   가 뭘까 생각하는 장면이 있다. 그리고 p.36:6에 "서로
   몸이 달라도 (　　)자"라는 문장이 있는데, 각자의 생각
   대로 괄호 채워 넣어 보자.

안: 같이 먹자.
화: 마주 보자.
훈: 같이 떠들자.
화: 손잡자.
훈: 안아주자.
안: (책에 있는 말처럼) 존중하자.
훈: 귀 기울이자.
화: 사진 찍자.
안: 여행 가자.
훈: 같이 걷자.
안: 이해하자.
화: 우산을 같이 쓰자.
안: 당연하다고 생각하자.

4) p.63:9 "밑에 모래 있으면 떨어져도 안 아파요." 밑에 모
   래가 있다는 것은 실패하지 않는다는 것이 아니라 실패
   해도 된다는 것이다. 실패해도 괜찮으니 한번 해보고 싶
   은 게 있다면? (상상 가능)

안: 텀블링, 뒤구르기, 마라톤, 운전, 자전거 100km, 수영해서 한강 건너기, 타잔처럼 나무 타기.

훈: 박사 학위, 철인 3종 경기.

화: 패러글라이딩, 한라산 백록담까지 오르기, 큰 무대에서 노래하기, 서핑하기

5) p.112:5 "선생님은 여러분 마음속에 있어서 다 알고 있어요." 이 문장처럼 어릴 때 이해가 안 되었던 선생님이나 어른의 말 또는 행동은?

안: "한 명이 잘못하면 너네 다 같이 혼난다." 선생님이 엄청 많이 참으신 것도 알고, 왜 그러시는지 알겠는데 그럼에도 "왜?"라는 질문을 지울 수 없었다.

훈: "너, 다음에 또 이런 거 하기만 해!" 하란 말인지 하지 말란 말인지...;;

화: "너 복도에서 왜 뛰었어?" 이유를 물어보지 않고 화부터 내는 경우가 정말 이해가 되지 않는다.

6) 조물주가 모든 사람들에게 동일하게 어린 시절(약한 시절)이 있도록 만든 건 진정 신의 한수다. 그런 의미에서 내가 가꾸어가고 싶은 세상은? (p.203 / 가능하면 비유적으로 답변)

안: 1) 슬픈 노래에 공감하는 사람들이 줄어드는 세상. 밝은 세
   상이 되었으면 좋겠다. 죽고 싶다는 노랫말에 공감하는 사
   람이 많다는 건 슬프다. 책 내용처럼, 요구되는 것이 많지만
   희망을 갖는 것이 쉬워지는 세상이 되었으면 좋겠다(절망
   이 희망보다 쉬운 것이다. p.219).
   2) 환상 속에 사는 세상. 불가능하겠지만 사람들이 꿈꾸는
   환상이 현실이 되는 세상이면 좋겠다.
훈: 어린 시절을 선명히 기억하는 어른들이 많은 세상. 이 책의
   내용으로 보자면, 한편으로는 어린 시절이 희미해지는 것이
   문제일 수도 있을 것 같다. 약자인 어린 시절을 선명히 기억
   하는 어른들이 많아서, 어린이들이 편안한 세상이었으면 좋
   겠다.
화: 목소리가 작아도 되는 세상. 약자나 소수자의 목소리가 작
   아도(심지어 없어도) 어우러지는 것이 자연스러운 세상.

   나는 때때로 아이의 어떠함 때문에 사랑한다고 말하
게 되는데, 아이는 엄마의 어떠함에 상관없이 사랑한다고
말한다. 그런 때면 나를 향한 아이의 사랑이, 아이를 향한
내 사랑보다 더 깊다고 느낀다. 하지만 나의 이런 생각조차
도 부모의 사랑이 아이의 사랑보다 더 큰 것이 당연하다는
전제에서 비롯된 것임을 이 책을 통해 생각하고 공감하게
되었다.

아이는 아이 자체로 온전하다고 말해주는 저자, 아이의 존댓말을 당연하게 여기지 않기로 했다는 저자 덕분에 내 생각 저변에 깔린 어린이에 대한 편견을 생각할 수 있었다. 나름 어린이를 존중하는 편이라고 생각해 왔지만 그 또한 강자의 입장에서 약자에게 부리는 아량 정도였던 적이 많았다. 동등하게 여겨"주는", 배려해"주는" 것이 아니라 군더더기 없는 동등과 배려에 욕심을 내고 싶다. 어린이에게뿐 아니라, 세상을 함께 살아가는 누구에게든 말이다.

 열여덟 살이 된 안이의 후기

화: 만약에 네가 지금 상황에서 실패해도 괜찮으니 해보고 싶은 것은?

안: 다른 아이템으로 펀딩 한 번 더(거캠 팀프로젝트로 제품을 만들어 펀딩한 경험이 있다).

화: 오, 진짜?

안: 응, 앱 만들어서 한 번 더 해보고 싶긴 해.

화: 그럼 거캠과 관련 없이는?

안: 태권도, 유도, 무에타이, 복싱 같은 거 배워보고 싶어.

화: 그건 현실 가능한데?

안: 그래서 방학에 한번 시도해 볼까 해.

「일생일문」

최태성 지음 / 생각정원

수닷거리 준비:화

1) 이 책에 담긴 총 스무 개 질문 중, 가장 와닿은 질문은 무엇인가? 그 이유는?

안: <9. 누구를 믿을 것인가>

개인적으로 누구를 믿고 안 믿고에 대해서 생각을 종종 하는 편이라서 이 질문이 눈에 띄었다. 어떻게 살 것인가와 비슷한 질문인 것 같다.

<19. 무엇을 지켜야 하는가>

앞에 선택한 질문 '누구를 믿을 것인가'에 '무엇을 지킬 것인가'를 합해서 한 문장으로 만들어도 정말 멋진 질문이 된다. '무엇을 지키는 사람을 믿을 것인가' 또는 '누구를 믿는 것은 무엇을 지키는 것인가' 등으로 만들 수 있다. 보통 소중히 여기는 것을 지키지 않나, 그래도 선택이 헷갈리는 상황에서

꼭 기억해야 할 질문일 것 같다. 책 속에 단재 신채호는 출옥을 할 기회가 있었지만 친일파의 도움을 받고 싶지 않아서 옥에 남는 것을 선택하고, 결국 그곳에서 죽음을 맞이했다. 마지막에 무엇을 지킬 것인가가 내게는 아주 인상 깊은 질문이다.

훈: <11. 나의 가치는 누가 정하는가>

가치 있고 중요하다고 생각하는 것을 위해 자신의 삶을 던진 사람들의 이야기로 시작하는 장이다. 책에 소개된 독립운동가 김지섭의 경우, 나의 가치를 스스로 정하고 그 가치대로 살았던 인물이다. 그런 삶이 다른 사람과 구별된 삶을 살아가는 동력인 것 같다. 우리도 남은 인생에서 자신의 가치를 스스로 증명해야 할 순간을 만날 것이다. 이 질문을 품고 있다면 그 순간을 당당하게 맞이할 수 있을 것 같다.

<18. 꿈은 어떻게 현실이 되는가>

목숨을 걸고 봉기를 일으킨 홍경래와 사람들의 이야기다. 과연 성공할 것이라고 생각하고 시작했을까. 현실적으로 성공할 수 없는 봉기인 줄 알았지만, 더 이상은 차별과 수탈을 견딜 수 없었고, 아이들에게는 다른 세상을 물려주고 싶었을 것이다. 그리고 홍경래처럼 꿈을 가지고 민주화를 위해 희생한 많은 이들 덕분에 우리는 이렇게 숨 쉬며 살고 있다. 현실이 될 수 없을 것만 같은 꿈이라도 그것이 우리 삶의 본질을

지향하는 꿈이라면 그 꿈을 꿀 수 있어야 하지 않을까.

화: <1. 삶의 마지막 순간, 무슨 말을 남길 것인가>

마지막 순간에 진정성이 있는 말을 할 수 있으려면 살아있는 동안이 중요하다. 매일을 허투루 살 수 없게 하는 무게 있는 질문이다.

<11. 나의 가치는 누가 정하는가>

타인의 인정에 자꾸만 무게를 두려고 하는 나에게 필요한 질문이다. 이 장은 독립운동가 김지섭이라는 분을 실례로 들어 설명해주어 더 잘 와닿았다. 누구도 훼손시킬 수 없는 자신이 지킨 자신의 가치, 그 고귀한 가치를 지키며 당당한 삶을 산다면 그 가치는 변하지 않을 것이다.

2) "그래도의 힘." "현실이 그래서"라고 포기하지 않고 "그래도" 계속했던 인물들을 보며, 나에게 "그래도"는 무엇인가? 나는 "그래도"를 어떻게 넘어가고 있는가?

안: 나는 사람을 볼 때 실수를 했거나, 나랑 맞지 않을 때 "그래도"를 쓰고 싶다. 그 사람을 온전히 믿어주지 못할 때 늘 양심에 걸리기도 하면서 미안한 마음이 든다. 그래도 그 사람을 이해해보고 싶은 것이 나의 "그래도".

훈: 대부분의 회사원들은 계속해서 승진하고 임원이 되는 것을 당연하게 생각하고, 그것을 선택하지 않는 것을 낙오자 또는 2류로 생각한다. 어쨌든 소수에게 주어지는 것이 승진이고 임원인데, 그 길을 가지 않은 것이 능력이 부족해서만일까 생각하게 된다. 각자가 회사에서 기여할 역할이 있다고 생각한다. 각자의 역할대로 회사에 가치를 제공해줄 수 있는데, 대다수의 생각은 다르다. 승진만이 가치를 입증하는 길이라고 생각한다. 조직은 성과를 내야 하는데, 그것은 특정한 리더의 힘으로만 이루어지는 것이 아니다. 조직 구성원 서로의 성공에 기여하는 문화가 많이 생겼으면 좋겠다. 승진보다 더 중요한 것이 나의 "그래도".

화: 대한민국에서 사는 한 계속 걸리적거리는 "그래도"는 학벌인 것 같다. 하지만 안이를 키우면서 선택의 순간에 무엇이 더 중요한지를 자주 떠올린다. 학벌보다 더 중요한 것이 나의 "그래도".

3) p.225 나는 나를 어떻게 규정하는가? "나는 나를 ㅇㅇㅇ이라고 규정한다"라는 문장으로 말해보자.

안: 나는 나에게 후한 편인데, 이렇게 말하고 싶다. "나는 나를 얕은 바다라고 규정한다."

'깊은 것 같아'라는 칭찬이 있는데, 깊은 것도 좋지만 얕은 것도 좋은 점이 있다. 얕은 바다에서는 더 많은 사람이 놀 수 있다. 얕은 바다는 안전하고 따뜻하게 놀 수 있다. 끝없는 깊은 바다보다 웃음소리가 넘치는 얕은 바다가 더 좋다.

훈: "나는 나를, 아내가 좋아하는 배우 공유보다 잘 생기지는 않았지만(웃음), 더 긍정적이고 낙천적인 사람이라고 규정한다."

사람에게 중요한 건, 내면의 나를 어떻게 생각하고 어떤 삶을 살고 싶은지 인식하고 있는지가 중요한 것 같다. 20대에는 자존감이 높지 않았다. 40대 중반이 넘어가면서 그동안 내가 맺은 관계나 내 속에 쌓인 것을 보면서 나에 대한 자신감이 생겼고, 내가 추구하는 그 삶이 괜찮다는 생각을 하게 되었다. 여기에는 책의 영향이 컸던 것 같다. 책을 통해서 세상과 나에 대해 이해하고 긍정적으로 생각하는 것에 도움을 많이 받았다.

화: "나는 나를 잘 배우는 사람이라고 규정한다."

책을 읽거나 영화를 보면서도 배울 점을 찾는 것이 재미있고, 그 메시지를 해석해서 일상에 적용하기를 잘하는 것 같다.

4) p.384 내가 지키고 싶은 것은 무엇인가?

한눈파는 부모수업

안: 생명. 다른 것보다 가장 큰 대의는 생명인 것 같다. 사람의 생명도, 자연의 생명도 그리고 정신적인 생명도 마찬가지다. 애니메이션 소울에서 나온 정신적으로 죽은 괴물들을 보면서 정신적인 생명도 중요하다고 생각했다.

훈: 메리 올리버가 말한 이 우주가 우리에게 준 두 가지 선물을 지키고 싶다. 사랑하는 힘과 질문하는 능력. 나 자신, 가족, 내가 속한 공동체와 이 세상 그리고 이 땅을 사랑해야 하고, 그것들에 대해서 계속 질문해야 한다. 질문을 한다는 것은 그 대상에 대한 사랑의 표현이다. 질문을 통해서 사람과 세상을 알아가고, 문제를 해결하고, 세상에 기여할 수 있다.

화: 본질. 일상의 많은 것들 예를 들어 학교, 교회, 가족, 질서 등 모든 것에는 본질이 있는데 그것이 오염되는 것을 보고 있기가 쉽지 않다. 최근에는 본질에 대한 생각이 분노가 되기도 한다. 그 분노가 잘 사용되도록 나 스스로도 본질을 잃지 않는 것이 중요하다는 것을 이번 연말에 여러 통로를 통해 배웠다. 세상 구석구석에서 소중한 것을 지키는 인생이 있다. 눈에 보이지 않을 수 있으나, 그들의 작은 봉기가 누군가에게 힘이 되고, 그 힘으로 세상이 밝아지고 있음을 의심치 않는다. 그분들도 힘을 잃지 않았으면 좋겠다.

"내가 가치관을 정하는 데 책을 한 권만 골라야 한다면 이 책이 될 것 같아. 던져주는 질문이 정말 좋아." 책수다를 시작하기 전 안이의 한 줄 평이었다.

역사 속 인물들이 삶으로 질문을 던지는 책이다. 우리가 중요하게 여기는 것이 무엇인지, 또한 중요하게 여겨야 할 것은 무엇인지 이 책을 통해서 생각하고 이야기해 볼 기회가 되었다. 역사의 곳곳에 더 나은 세상을 위해서 인생을 건 인물들이 있다. 우리가 익히 이름을 아는 분들도 있지만, 어쩌면 이름을 알 수 없는 훨씬 더 많은 분들이 계실 것이다.

이 책은 스무 개의 질문으로 이어져있다. 짐작해보자면, 아마도 저자는 역사 속에서 더 많은 질문을 던졌고 그중에 추리고 추려 스무 개의 질문을 엮었을 것 같다. 우리의 일상에서도 숨어있는 질문이 끊임없이 나오는데, 하물며 역사 속에는 얼마나 많이 숨겨져 있을까. 아이를 키우면서 했던 질문을 생각해본다. 나는 왜 아이를 학교에 보내는가, 나는 왜 홈스쿨링을 하는가, 어떤 교육을 원하는가, 아이가 꾸는 꿈은 아이의 꿈인가 나의 꿈인가 등등 많은 질문이 떠오른다. 질문을 품고 있는 것이 편치 않을 수 있지만, 질문을 시작했기에 답을 찾기 위한 걸음을 뗄 수 있었던 것 같다. 그리고, '교육에 대한 고민을 시작하는 이들에게 어떤 도움을 줄 수 있을까?' 하는 질문이 있었기에 이 책을 쓸 용기도 낼 수 있었다.

우리 가족의 책수다는 여기까지다. 이 외에도「언어의 온도」,「꼬마 꾸뻬, 인생을 배우다」,「모든 요일의 여행:」,「10대를 위한 정의란 무엇인가」,「모모」,「오리진 시리즈: 보온」,「오리진 시리즈: 에티켓」,「슬기로운 언어생활」,「기억전달자」,「우리가 빛의 속도로 갈 수 없다면」,「천문학자는 별을 보지 않는다」,「미드나잇 라이브러리」등으로 서른세 번의 책수다를 했다. 어떤 책은 이야깃거리가 많아 두세 번에 걸쳐 진행하기도 했다.

책수다를 하고픈 좋은 책들이 너무나 많았지만, 안이가 꿈틀리에 입학한 후로는 이어지지 않았다. 2주에 한 번씩 주말에 잠깐 집에 오는 스케줄이라 물리적인 시간이 부족했다. 그리고 홈스쿨링을 할 때만큼 책을 가까이하지 못하는 현실도 한몫을 했다. 하지만 안이가 없는 동안 부부 둘만의 책수다가 자연스럽게 이어졌다.「나는 왜 네 말이 힘들까」(박재연)로 4주에 걸쳐서 하게 되었는데, 아이가 기숙학교에 있다보니 아무래도 부부 서로에게 집중하게 되었고, 항상 동일한 부분에서 생기는 대화 문제에 도움을 받고자 책수다를 해보기로 했다. 책수다를 통해서 정답을 찾게 되지는 않았지만, 한걸음 더 서로를 이해하는 시간이었음은 분명하다.

PT수다

수다스러운 홈스쿨을 지향하는 우리 가족이 해온 수다 프로그램 중에 가장 꾸준히 한 것은 책수다고, 가장 인기리에 진행되었던 것은 PT수다이다. 그 시작은 제목도 기억나지 않을만큼 스치듯 보게 된 TV 프로그램에서부터였다. 한 방송인의 두 딸이 엄마 앞에서 준비한 파워포인트를 화면에 띄워 발표하는 장면이었다. 그 영상을 보자마자 '이거다!' 싶었고 그 날 저녁 남편과 아이에게 제안했다. 방송에서 보았던 것과는 다르게 우리는 아이뿐만 아니라 가족 모두가 준비해서 발표하기로 했고, 평가는 하지 않기로 했다. 다만 잘 듣고 질문 시간을 갖는 것으로 발표자에 대한 예의를 보이기로 했다.

더워지기 시작할 무렵의 여름 주말, 첫 PT수다 시간

을 가졌다. 우리는 편안한 파자마를 벗고, 깔끔한 복장에 머리도 다시 빗고 약간의 의도된 긴장감을 가지려 했다. 거실에 모여 암막 커튼을 닫고 빔을 켜고 스크린을 내리고 손에는 원고와 포인터를 들었다.

첫 발표자는 안. 아이가 준비한 주제는 <해리포터: 호그와트 이야기>였고 내용은 네 명의 호그와트 창립자들과 그들이 가진 각각의 이념에 대한 이야기였다. 아이는 후플푸프의 차별 없는 교육이념이 가장 마음에 들었다는 의견과 함께 "창립자 네 명을 조사하며 각자의 생각을 갖는 것이 참 중요하다는 것을 느꼈습니다. 편견 없는 시선을 가질 수 있는 제가 되도록 노력하겠습니다"라는 소감으로 발표를 마무리했다.

두 번째 발표자는 훈. 남편이 준비한 주제는 <인공 지능의 역사>였다. '딥블루, 왓슨, 알파고 리, 알파고 마스터, 알파고 제로, 알파 제로'를 소개하며 인공 지능에 대한 주요 사건 위주로 발표했다. 평소 SF소설을 즐겨 읽고, 과학 팟캐스트도 즐겨 듣던 남편의 발표는 체계적이면서 흥미로웠다.

마지막 발표자는 화. 나의 주제는 <커피의 역사>였다. 커피라는 이름의 유래와 커피 열매에 대한 전설, 커피와 와인, 최초의 커피하우스, 우리나라의 첫 커피에 대한 내용을 간략히 소개했다.

각자 좋아하는 것으로 주제를 선택한 덕분에, 준비하는 과정부터 발표하고 질문하는 시간까지 셋 모두 즐기고 있는 것이 눈에 보였고, 수다시간 내내 '공부가 이렇게 재미있을 수 있구나' 하는 생각을 지울 수가 없었다. 준비하는 동안도, 발표하는 날도 아이는 한 달에 두 번씩 하자고 우리를 계속 설득할 만큼 신나 있었다. 남편도 나도 구경꾼이나 평가자가 아닌 아이와 동등한 입장으로 함께한 만큼 아이의 그 마음을 잘 알 수 있었다. 하지만 격월 1회 하기로 했던 것을 월 2회로 하기에는 무리였다. 대신 월 1회로 하되 아이는 매월, 남편과 나는 격월로 번갈아 발표하기로 의견을 모았다.

책수다는 약속된 날이 되기 전까지 각자 책을 읽고 발제자만 수닷거리를 준비하면 되지만, PT수다는 셋 모두 최소한 1-2주 전부터 준비할 것이 꽤 많았다. 그럼에도 불구하고 이 시간이 계속 즐겁게 유지되는 이유가 뭘까 아이에게 물어본 적이 있다. 아이는 대뜸, 평소 관심 있었던 것을 좀 더 깊이 알아볼 수 있는 기회가 되고, 아는 것을 다른 사람에게 공유하는 기쁨이 있다고 답해주었다. 공유는 아이에게도 어른에게도 동일하게 즐거움을 주는 행위인가 보다.

"넌 얼마나 준비됐어?"
"토요일까지 안될 것 같은데 일요일에 하면 안 될까?"

돌아오는 토요일은 PT수다가 예정되어 있던 날이었다. 짧은 1박 2일 여행의 후유증인지 다들 까맣게 잊고 있다가 일정을 뒤늦게 떠올렸다. 이런 대화가 오가고 모두의 동의 하에 PT수다는 하루 연기되었다. 주말에 있을 PT수다를 앞둔 주중에 종종 하게 되는 대화였다. 특히나 미리 준비하는 성격이 못 되는 내가 가장 자주 했던 것 같다. 준비 기간이 얼마 없어 발등에 불이 떨어진 상황과는 반대로, 학교에서 친구와 서로 밀린 과제 체크하듯 분주한 이런 분위기는 재미있기도 했다. "나도 이제 준비 시작해야 해"라는 대답이 돌아오면 학창 시절이랑 다를 바 없이 혼자 안도하며 속으로 웃기도 했다.

　　PT수다를 준비하는 과정에서 각자의 성향이 보였다. 남편은 평소 생활 습관처럼 꾸준하게 매일 조금씩 준비했다. 그래서 언제나 셋 중에 발표 준비가 가장 잘 되어 있었다. 대본을 손에 들고 발표해야 하는 아이와 나와는 달리, 남편은 머릿속에 내용이 완벽히 숙지되어 있었다. 그런 모습을 보면서 아이도 나도 남편의 자세를 많이 배웠다. 아이는 PT수다가 끝나는 동시에 다음 발표 주제가 거의 정해졌다. 그리고 며칠 머릿속에서 이런저런 준비를 하다가, 컴퓨터 앞에 앉아서 대략적인 발표 순서부터 써 내려가는 것이 시작이었다. 그 후에 그에 맞는 자료를 찾아가며 PPT를 만들면서 발표 내용을 채웠다. 아이는 발표를 마무리하는 멘트에 가장 심사숙고하는 것 같았다. 두 사람에 비해 나는 주제를 정하는 데 많은 시간을 썼다. 그래서 컴퓨터 앞에 앉는 시작이 늦어지는 데다가, PPT를 보기 좋게 만들고 싶은 욕심에 디자인에 신경을 쓰다 보니 가끔은 내용 준비보다 들어갈 이미지를 고르고 편집하는 데 시간을 더 들이기도 했다. 그러다 보니 가장 마지막까지 시간이 필요한 사람은 늘 나였다.

즐거운 이벤트처럼 이어오던 PT수다가 열한 번으로 마무리되었다. 2년간의 홈스쿨링 이후 아이가 기숙학교에 입학하기로 정해지면서 입학 전 석 달 동안은 세 식구 모두 발표를 하기로 했다. 아쉬웠지만, 흘려보내는 것이 있으면 다시 새롭게 흘러오는 것이 있다고 믿는 마음이 있었다. 그래서 아이가 자라고 우리 곁을 떠나 있는 시간이 길어져도 서운함보다 기대감에 무게를 두게 되는 것 같다.

열한 번의 PT수다 주제를 정리해보자면,

PT수다 첫 번째
발표자 안: 해리포터 1, 호그와트 이야기
발표자 훈: 인공 지능의 역사
발표자 화: 커피의 역사

PT수다 두 번째
발표자 안: 해리포터 2, 호그와트 교직원
발표자 훈: 인공 지능의 현재

PT수다 세 번째

발표자 안: 아이언맨 슈트 총정리

발표자 화: 팬데믹

PT수다 네 번째

발표자 안: 어벤저스 멤버 총정리

발표자 훈: 인공지능의 미래

PT수다 다섯 번째

발표자 안: 인피니티 스톤

발표자 화: 글쓰기

PT수다 여섯 번째

발표자 안: 마인크래프트를 활용한 콘텐츠

발표자 훈: 동력의 역사 1, 인력

PT수다 일곱 번째

발표자 안: BTS의 세계관에 대하여

발표자 화: 한옥

PT수다 여덟 번째

발표자 안: 속초와 설악

발표자 훈: 동력의 역사 2, 수력 풍력 축력

chapter 2. 홈스쿨링

PT수다 아홉 번째

발표자 얀: 기타 Guitar

발표자 화: 언어

발표자 훈: 동력의 역사 3, 증기기관

PT수다 열 번째

발표자 얀: 여러 가지 국악기

발표자 화: 산티아고 순례길

발표자 훈: 동력의 역사 4, 내연기관

PT수다 열한 번째

발표자 얀: 로블록스

발표자 화: 향기의 역사

발표자 훈: 동력의 역사 5, 전기

3월 얀이의 꿈틀리 입학을 앞두고 마지막 PT수다 시간이었다. 얀이는 1년가량 주말마다 즐겨온 게임 "로블록스"를 주제로, 남편은 동력의 역사 시리즈 마무리로 "전기"를 주제로, 나는 시즌 마지막인 만큼 의미를 담아볼 주제를 찾다가 "향기의 역사"로 정했다. 솔직히 얀이가 로블록스를 주제로 삼겠다고 했을 때, 게임에 대해서 잘 알지 못하는 나는 시즌 마지막 발표인데 좀 더 의미 있는 걸 했으면 좋겠다는, 목까지 차오른 말을 참았다. 그리고 얀이의 발표를 보는 동안 몇 번이고 그 말을 참기를 잘했다고 생각했다. 전혀 몰랐던 로블록스의 세계는 내 생각보다 훨씬 창의적이고 새로운 세계였다. 그 세계 속의 게이머들은 새로운 세상을 만들고 공생하고 있었다. 그 세대를 따라가지 못해 이해가 미흡하기도 했지만, 화면 속 세상의 다양함이 놀라웠고 심지어 유익해 보였다. 이렇게 이 세대의 아이들은 자연스럽게 메타버스를 받아들이겠구나 싶기도 했다.

두 번째 발표는 향기를 주제로 한 내 차례였다. 발표에 앞서 김과 향기가 모락모락 피어오르는 방금 내린 커피를 두 사람이 앉은 테이블 위에 올려두고 향기 속에서 발표를 들어주시라 했더니, 감탄사와 함께 엄지 척을 보내주었다. 종교적 의식의 도구였던 향수가 어떻게 대중화가 되었는지에 대해 간단히 알아보고, 서로를 어떤 향기로 표현할 수 있을지 이야기를 나누었다. 그리고, '인생에 남기고 싶은 향기를 생각하면서 사는 삶'은 좀 더 괜찮지 않을까 하는 메시지로 마무리 지었다.

세 번째로 동력의 역사 시리즈 대단원의 막을 내리는 남편의 발표가 있었다. 첫 시간 '인력'에서 시작해서 다섯 번째 시간 '전기'까지 이어진 시리즈였다. 자칫 지루할 수 있는 주제였지만, 각 테마에 주요 인물 스토리 등을 가미해 흥미롭기도 하고, 매번 큰 흐름을 이어 잘 정리해서 발표해 준 덕분에, 발표 직후엔 안이와 나의 기립 박수가 있었다.

이 날 오후, 남편과 산책하면서 2년에 걸쳐 해온 PT 수다에 대한 이야기를 나누었다. 그리고 1년 후에 다시 시즌 2를 시작하게 된다면 그때는 안이도 나도 남편처럼 주제를 정해서 6개월이나 1년 동안 깊이 들여다보는 것도 좋겠다는 이야기를 했다. 곧 있을 입학 전에 친구와 산책을 하고 돌아온 안이도 이 의견에 흔쾌히 동의했다(그때는 꿈틀리 졸업 후에 다시 홈스쿨링을 하게 될수도 있다는 생각을 하고 있었다).

자칭 '안이네 홈스쿨의 꽃'이라 할만한 PT수다. 우연히 방송에서 보고 따라 했던 것이 우리 가족에게 이렇게 의미 있는 시간으로 자리매김하게 될 줄도 몰랐고, 시즌2를 기대하게 될 만큼 즐거운 시간이 되리라고 예상하지도 못했다. PT수다 발표가 끝난 후 빔을 끄고 암막커튼을 열면서 다시 밝아진 거실, 그리고 서로에게 박수를 보내며 마무리한 시즌1의 마지막 장면은 홈스쿨의 특별한 기억으로 남아있다.

열여덟 살이 된 안이의 후기

안: 만약에 지금 한다면 나도 아빠처럼 할 수 있을 것 같
   아. 거캠에서 워낙 ppt도 많이 만들고 발표도 많이 해
   봤잖아.

화: 그럼 이제 하면 안되겠다. 두 사람은 실력이 늘었을 테
   고 엄마만 그대로일 테니(웃음).

홈서포팅 16-18세 현재

아이도 부모도 독립하는 시간

또 한 걸음

꿈틀리 입학을 준비하는 중에 아이의 다음 스텝을 위해 두 가지 입학 원서를 쓰는 주간이 있었다.

첫 번째 원서는, 후기고 입학 지원서. 내년에 곧바로 고등학교에 입학하지는 않겠지만 내후년에 입학할 가능성이 없지 않았다. 아이는 내후년에 진학할 가능성이 2,30% 정도 있다고 했다. 다니고 싶은 고등학교 (서울 전역, 거주 구역 내 각각) 1 지망, 2 지망이 적힌 입학지원서와 종졸 검정고시 점수를 들고 서부교육청에 방문해 접수를 했다.

학교 선택에 있어서 아이는 역시나 평소 성향대로 복잡하게 생각하지 않고 집에서 가까운 곳을 말했고, 다만 여고에 다녀보고 싶은 바람 정도로 기준을 잡았다. 그래서 우리는 집에서 가깝고 등하교시 대중교통 이용이 수월한 여고를 우선으로 간추렸다. 이 학교들에 대해 주변 지인들의 평가를 들어볼까 했지만, 각자가 무게를 두는 가치가 다르고,

같은 상황도 개인의 기준에 따라 다르게 받아들인다는 것을 살면서 배워왔기에 물어보지 않기로 했다. 다만 우리 부부가 학교 정보를 알아보기 위해 했던 단 하나의 행동은 학교 홈페이지 들여다보기였다. 그리고 홈페이지를 보면서 가진 우리 나름의 기준은 메인 페이지에 이번 학년도 명문대 입학생에 관한 배너가 걸려있지 않은 학교였다. 지극히 주관적인 기준이었지만, 무엇을 먼저 보여주고 싶은 학교인지가 중요했다.

그리고 두 번째 원서는, 꿈틀리 인생학교 지원서.

이 학교의 지원서는 지원자뿐 아니라, 부모도 함께 써야 할 내용이 많았다. 그중에 자신이 쓰는 자기 소개서와 부모가 쓰는 학생 소개서가 따로 있는 것이 인상적이었다. 지원서 양식을 출력해두고 아이도 우리 부부도 사나흘 여유를 두고 생각하며 써 내려갔다.

새로운 시작에는 늘 번거로움이 있다. 행정적인 형식으로 보이는 것들도 막상 준비하다 보면 꼭 그 과정에서 예상치 못한 배움이 있다는 걸 알게 된다. 후기고 지원서를 준비할 때도, 꿈틀리 지원서를 작성할 때도 그랬다. 학교를 선택하는 기준에 대해서 아이와 이야기를 나누는 시간이 그랬고, 아이를 소개하는 글을 쓰는 동안 그간 자라온 장면들을 떠올리며 그랬다. 아이도 본인에 대해서, 본인의 가까운 미래에 대해서 일주일 동안 생각이 깊었다. 원서를 작성하면

서 우리 부부에게 주어진 깜짝 보너스도 있었다. 자기소개
서의 항목 중 아이가 평소 가지고 있었던 부모와의 관계에
대한 생각을 쓰는 란이 있었다. 물론 공식적인 제출이다 보
니 좋은 점 위주로 썼겠지만, 아이가 작성한 출력물을 보면
서 우리 부부는 참 고맙고 감사했다.

#2
갈 수도, 아니 갈 수도 있는 고등학교 배정

　　서부교육지원청에 다녀왔다. 지난 12월에 썼던 후기 고 입학지원서의 배정통지서를 받아와야 하는 날이 2월 초 이틀 간이었다. 붐빌 거라는 예상과 달리 교육청을 찾는 발 길이 뜸했던 걸로 봐서는 일반적으로 중학교에 다니다가 고 등학교로 지원하는 아이들은 아마도 학교를 통해 전달이 되 는 것 같았다. 학교 밖 청소년으로 분류되는 안이의 경우는, 배정된 고등학교를 문자로 우선 통보를 받고 교육청에서 해 당 서류를 받아 다시 그 서류를 전달하러 해당 고등학교에 직접 가는 복잡한 과정이 필요했다.

　　다행히 배정 결과는 아이의 희망 사항을 담아 1지망 칸에 적었던, 집에서 가까운 여자고등학교였다. 배정 결과 에 대한 감정이 어떠냐고 물어봤더니 본인과 인연이 될지 안 될지 모르는 상황이라서 그런지 아이는 "솔직히 별 생각 이 없네"라는 말 외에 다른 반응은 없었다.

고등학교 배정을 받는 것이 일반 공교육에 속한 아이들에게는 이렇듯 감흥 없는 일은 아닐 것이다. 고등학교 배정 결과를 대학 합격 발표만큼 떨며 기다리는 가족도 보았고, 그만큼은 아니더라도 대부분 어느 정도 기대와 긴장으로 기다리는 것 같았다. 거기에 비해 아이뿐 아니라 우리 부부도 크게 감흥이 없는 것에 너무 냉담한가 싶기도 했지만, 곧장 배정받은 학교에 가게 되는 상황이었다면 어떻게 달랐을까를 잠시 생각해 보게 되었다. 어떤 학교에 가고 싶은지 몇 날 며칠을 고민하고 지원서를 쓰는 마지막 순간까지, 이젠 손을 떠난 그 지원서가 어떤 결과를 가져다줄지 기다리는 그 기간. 그리고 발표일 오전 10시를 기다리며 쿵쾅거렸을 그 떨림. 환호와 함께든 실망과 함께든 그 배정 결과를 받아들여야 하는 그 마음.

아이들이 유치원에 들어가고 초등학교, 중학교에 들어가던 그때와는 다르게, 고등학교 입학은 본인과 부모의 바람을 실은 만큼 그 결과가 묵직하게 다가올 것이다. 그 전까지는 어느 과자를 살지, 좀 더 잘지 지금 깰지에 대한 가벼운 선택의 연속이 있었다면, 어느 고등학교에 가고 싶은지를 선택하는 것은 자신의 인생에 대한 책임을 연습하는 떨리는 첫 단추일지도 모르겠다.

홈스쿨링 하는 아이와, 공교육에 있는 아이를 시간이 지날수록 오히려 더 같은 각도에 놓고 바라보게 된다. 옳다

그르다의 문제가 아닌 선택의 문제이기에 우리가 가는 이 길을 주장하지 않으려 하고, 그간 어설프게 주장한 적은 없는지 돌이켜 보기도 한다. 주장하지 않으려니 다른 길을 가는 아이들을 더 자주 생각하게 된다.

　　다만 어떤 길 위에 있는 아이든 '선택'에 있어 무겁지만은 않았으면 좋겠다. 선택에 대한 결과는 어른도 아이도 예측할 수 없는 건 마찬가지다. 그러하기에 아직은 더욱 설레는 선택을 해도 된다고, 우리는 여전히 너희의 쿠션이 되겠다고 아이들에게 이야기해 줄 수 있으면 좋겠다. 커서 뭐가 될지 "아직 모르겠어요"라고 답해도 괜찮으니, 잠들기 전 내일을 떠올리며 웃음 지어지는 일 한 가지쯤은 함께 떠올릴 수 있는 청소년기를 보내길 바란다고 말해주고 싶다.

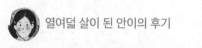 열여덟 살이 된 안이의 후기

화: 너는 선택이 무겁지 않았어?

안: 난 무겁지 않았던 것 같아. 일단은 예전부터 '하기 나
름'이라는 말을 좋아했고, 내 인생을 내가 책임지고 살
아야 한다는 것은 거캠 선택할 무렵부터는 알았던 것
같아. '내 미래에 대해서 생각을 하면서 살아야겠다'는
생각이 있어서 거캠을 선택했고. 근데 막 그게 무겁지
는 않았고, 엄마 아빠가 쿠션이 되어준다는 말을 자주
해줘서 선택을 잘할 수 있었지.

화: 진짜?

안: 응, 진짜야.

화: 고맙네.

#3
밤 10시가 허전한 아빠

　　아이가 꿈틀리(강화도 소재)에 들어가기 전부터 가까운 지인으로부터도, 우리 가족 안에서도, 스스로도 가장 걱정이 되는 사람은 나였다. 아이는 스스로를 '적응력 갑'이라 자칭하는 성격이었으니, 홈스쿨링을 하며 거의 종일을 아이와 함께했던 내가 '빈 둥지 증후군'과 비슷한 외로움에 힘들지 않겠나 하는 걱정이었다. 그래서 아이가 입학하기 전부터 마음의 준비를 해온 나와는 달리 남편은 어차피 해오던 회사 생활의 비중이 있으니 별다른 준비 없이 아이의 빈자리를 맞이했다.

　　3월 입학식을 마친 후 아이를 기숙학교에 두고 돌아오는 차 안에서 나는 지킬과 하이드를 수시로 오갔다. 울다가 웃다가, 안심했다가 걱정했다가, 보고 싶다가 편안했다가… 결코 하나의 감정으로 정리할 수가 없었다. 강화도에서 입학식이 끝난 시각이 오후 5시였기에, 집에 도착해서 정리하다 보니 금세 밤 10시가 되었다. 아이가 엄마에게 굿나 잇 인사를 하고 아빠와 함께 책을 읽으러 방으로 들어가던 그 시각, 남편은 괜스레 안방과 아이방 사이를 오갔다.

아이가 여섯 살 무렵부터 꿈틀리 입학 직전(열여섯 살이 된 2월)까지 거의 10년을 즐겁게 지켜온 시간이다. 밤 10시부터 10시 30분까지였다. 아이가 취침 준비를 일찍 완료한 날은 30분을 꽉 채워 아빠의 책 읽는 소리를 들을 수 있었고, 준비가 늦은 날은 10시 30분이 될 때까지 남은 짧은 시간을 아빠와 함께했다. 일상의 소소한 미션으로 '10분 쿠폰'을 모을 수 있어서 알뜰히 모은 쿠폰을 이용해 30분을 채워 아빠 목소리를 듣는 날도 있었다.

아빠가 책을 읽어주는 시간은 단지 책의 내용을 전달하는 시간만은 아니었다. 어떤 날은 둘이서 웃는 소리도 들렸고, 또 어떤 날은 한참 떠드는 소리도 들렸다. 둘만 아는 책 이야기로 살짝 소외감을 느낄 때도 있었지만, 10년간 같이 읽어온 책이 쌓여있으니 당연한 일이었다. 열여덟이 된 지금까지도 아이와 아빠의 관계가 좋은 것을 보면 이 시간의 역할이 컸음을 의심할 여지가 없다.

남편은 아이가 어릴 때보다 커갈수록 오히려 그 시간을 소중히 지켰던 것 같다. 친구들과의 모임도 가능한 책 읽는 시간을 지킬 수 있도록 잡았고, 한참 일이 많아 야근이 잦았던 시기에는 이 시간에 맞춰 일을 가지고 퇴근하는 날도 많았다. 그런 아빠의 마음을 아는지 아이도 10시가 다가오면 서둘러 잠잘 준비를 마치고 이불 속으로 쏙 들어가 아빠를 기다렸다.

그렇게 10년을 지켜온 밤 10시. 후다닥 잘 준비를 서두르는 아이의 소리도 서둘러 귀가하는 아빠의 소리도 없이 온 집이 고요했다. 이틀째가 되던 밤, 남편은 "생각보다 많이 허전하네" 했다. 왜 허전하지 않을까. 하루 30분 짧은 시간이지만 어쩌면 그 시간이 내가 안이와 보낸 긴 시간보다 더 진할 수도 있겠지. 당분간은 내 마음보다, 감정을 잘 드러내지 않는 남편 마음을 잘 들여다봐 주어야겠다고 생각했다.

잠들기 전 아빠가 읽어준 책 목록:

나니아 연대기 시리즈 총7권(C. S. 루이스), 조선왕조실록(설민석), 무도 한국사 특강(설민석), 안아라, 내일이 없는 것처럼(오소희), 그러므로 떠남은 언제나 옳다(오소희), 나의 문화유산답사기(유홍준), 타워(배명훈), 꾸뻬 씨의 여행(프랑소아 를로르), 궁금해서 밤새 읽는 유럽사(김상엽/ 김소정), 아이슬란드 사람들은 왜 행복할까(백혜정/ 윤미미), 북유럽 신화 여행(최순욱), 아이, 로봇(아이작 아시모프), 세상에서 가장 짧은 세계사(존 허스트), 꿈을 꾸듯 춤을 추듯(김재아), 여행의 이유(김영하), 날씨가 좋으면 찾아가겠어요(이도우), 기억전달자(로이스 라우리), 파랑 채집가(로이스 라우리), 메신저(로이

스 라우리), 태양의 아들(로이스 라우리), 딸에게 보내는 인문학
편지(맷 뷔리에시), 루나 크로니클 시리즈(마리사 마이어), 아르
테미스(앤디 위어) 등. 따로 기록해두지 않은 관계로, 책꽂이
에 남아있는 책 외에 도서관에서 대여한 책과 아이가 어릴
때 읽어준 그림책은 기록이 남아있지 않다.

읽다가 중도 포기한 책 목록:
코스모스(칼 세이건), 원더풀 사이언스(나탈리 앤지어),
유럽의 시간을 걷다(최경철) 등

참고로, 남편이 안이에게 책을 읽어주는 시간에 열심
을 내게 된 것은 「아빠가 책을 읽어줄 때 생기는 일들」(옥명
호 지음, 옐로브릭)의 저자 덕분이다. 이 책이 출간되기 한참
전부터 저자를 알게 된 행운으로 저자에게 직접 아빠가 아
이에게 책을 읽어주는 이야기를 들을 수 있었다. 그 시간이
아빠에게도 아이에게도 얼마나 행복한 일인지를 이야기해
주는 저자의 행복한 표정을 언젠가부터 남편의 얼굴에서도
볼 수 있었다.

4

내가 선택하고 실패해봐도 될까요, 엄마?

나의 첫 해외 여행은 "우당탕탕 플로리다"였다. 유학하고 있는 절친한 동생을 만나기 위해서였는데, 그 때는 비행기 탑승 시각에 대한 개념이 없었다. 기차를 타듯이 시간에 맞춰 탑승구로 가면 되겠지 싶어 여유롭게 공항을 배회하다가 방송에서 들리는 내 이름을 듣고 내달렸다. 이미 탑승해서 기다리던 승객들의 눈총을 받으며 재빨리 자리를 찾아 앉은 후, 머리카락까지 젖은 땀을 겨우 닦았다. 이후로 두 번의 긴장된 환승을 거치면서 또다시 땀을 연신 닦아댔다. 여러 가지 우여곡절 끝에 도착한 그곳은 "우당탕탕 플로리다"일 수밖에 없었다.

혼자 떠났던 첫 국내 여행은 스물한두 살, 부산에서 태백에 있는 예수원까지의 여행이었다. 그 무렵엔 한 번에 가는 기차가 없어서 어두운 밤에 기차를 갈아타야 했다. 함께 떠나기로 했던 친구가 가지 못하게 되었지만, 크게 마음을 먹었던 계획이라 혼자라도 가는 것으로 결정했다. 그곳에서의 가장 강렬한 기억은 가마솥이다. 체구가 워낙 작은 탓에 어디에 가도 힘이 드는 일을 맡는 경우는 거의 없었다. 하지만 그곳에서는 누구에게나 예외가 없었고, 그 덕분에 내 몸을 담그고도 남을만큼 거대한 가마솥 설거지를 맡게 되었다. 상의, 하의 할 것 없이 물에 젖었지만, 예수원에서 머문 어떤 시간보다 성장한 기분이었다. 누군가에게는 별거 아닐 수 있는 그 일은 내게 특별한 기억이 되었다.

형편이 넉넉하지 않은 가정에 다섯째로 태어나 스스로 선택하고 결정해 본 경험이 거의 없었다. 엄마 아빠는 빠듯한 살림을 꾸려 가느라 늘 바쁘셨고, 나는 늘 언니 오빠들에게 맡겨졌다. 어리기만 한 막내 동생에게 심부름조차 보내지 않는 것은 사랑이었고 형제애였겠지만, 성인이 될 때까지 은행에 가볼 기회도 갖지 못했다. 그렇게 자란 탓에 20대에 혼자 결정하고 혼자 떠났던 두 여행은 터닝포인트가 되기에 충분했다. '나를 믿어도 되겠구나' 생각하게 된 계기가 되었다.

외동을 키우다 보니 아이가 어릴 때 남편과 나의 네 개의 눈이 아이에게 집중되어 있었다. 시선이 흩어질만한 다른 대상이 없었다. 외출이라도 할라치면 남편은 아이의 주변 위생에, 나는 아이의 안전에 유독 신경을 썼다. 그러다 아이가 우리의 걱정만큼 연약한 존재가 아니라는 것을 알게

한눈파는 부모수업

되고, 차곡차곡 쌓여가는 육아서에서의 배움 덕분에 우리의 시선을 조금씩 거둘 수 있었다. 아이가 자라 돌봄의 단계에서 지지하는 단계로 바뀌면서 우리 부부는 아이가 아닌 서로에게로 시선을 돌리려 노력했다. 긴 시간 굳어진 시선을 옮기는 것이 마음먹는다고 바로 옮겨지거나 완전히 옮겨지는 일도 아니었지만, 함께 노력하는 자체로 의미가 있었다.

시선은 점점 부부에게로 옮겨오면서, 선택은 점점 아이 쪽으로 옮겨가도록 했다. 아이의 연령에 맞도록 스스로 선택의 폭을 조금씩 넓혀 주었다. 어쩌면 우리 부부가 인식하지 못하고 아이보다 앞서 선택해 둔 일이 더 많았을지도 모르겠다. 하지만 최소한 인식하고 있을 때는 아이가 선택하도록 했다. 아이가 어릴 때는 먹고 싶은 과자를 선택하거나 오늘 신을 양말을 선택하는 사소한 것부터 시작했던 것 같다. "아무거나 다 괜찮아"라는 말을 잘하는 아이였기에 때때로 선택하도록 유도하기도 했다.

지금까지 아이에게 가장 큰 선택은 아마도 홈스쿨링일 것이다. 초등학교 3학년 즈음부터 공교육 외에도 다른 형태의 학교나 홈스쿨링이라는 것이 있음을 알려주었고 6학년 2학기에 아이는 홈스쿨링을 선택했다. 물론 그렇게 선택하기까지 3-4년간 충분한 대화가 있었고, "네가 선택했으니 이제 네가 책임지는 거야"라는 식은 아니었다. 아직 어린 나이였기에 너의 결정 뒤에 아빠 엄마가 함께 있음을 정확하게 전달했다. 2년간의 홈스쿨링 후에 꿈틀리를 선택한 것도,

거캠을 선택한 것도 누구보다 아이의 의견이 가장 큰 비중을 차지했다. 아이가 공교육을 선택했다면 그 선택 또한 존중했을 것이다.

　　아직 우리나라는 좋은 대학에 가야 잘 살 수 있다는 믿음이 깔려있고 그 부담은 우리 아이들이 충분히 느끼고 있다. 부모도 그런 부담에서 자유로울 수 없다. 하지만 부모라는 이름으로, 먼저 살아본 인생 선배라는 이름으로, 사랑이라는 이름으로 아이보다 앞서 선택하는 실수는 하지 않으려 한다. 스스로 선택하는 경험이 쌓여서 만들어진 힘은, 결코 사라지지 않고 인생 어느 모퉁이에서 꼭 드러날 것이라는 믿음이 있다. 그것이 실패로 보이는 선택이라도 말이다. 자신의 고유한 선택으로 자신을 알아갈 수 있도록 돕는 것이 부모가 줄 수 있는 플로리다행 티켓이 될 것이다.

#5
꿈틀리 인생학교 이야기, 1

(이 글을 쓰는 2024년 현재, 꿈틀리는 잠시 쉬는 중이다. 1년 기간 기숙학교는 쉬지만, 전남 신안의 섬마을 인생학교와 통합하여 단기 프로젝트로 운영 중이다.)

3월 1일, 자그마치 세 시간에 걸친 꿈틀리 입학식이 있었다. 집을 떠난다는 두려움보다 새로운 시작에 대한 설렘이 컸던 터라 아이도 우리 부부도 이 날을 무척 기다렸다. 그랬던 만큼 서둘러 출발했던 우리는 한 시간 반의 여유를 두고 강화도에 도착해 학교 주변을 둘러보며 느긋하게 학교로 향했다. 도착해보니 적지 않은 가족들이 이미 도착해 있었다. 처음 만나는 가족들과 어색한 인사를 나누며, 1년간 불릴 아이의 별명이 쓰여 있는 자리를 찾아 앉았다. 아이들 각자 고심하며 만든 별명과 그 의미 소개가 주요 순서였던 입학식은 오후 2시에 시작해서 학부모 모임까지 5시에 끝이

났다. 그럼에도 세 시간이 길게 느껴지지 않았던 것은, 일반적으로 떠올릴 수 있는 교장선생님의 긴 연설이 주가 되는 입학식이 아니기 때문이었다. 학교만 다녀오면 선생님의 권위에 눌리던 피곤함 없이 '아이들이 주인공인 입학식'이었다.

오후 5시를 넘겨 학부모 모임을 마무리하고 안이를 다시 만나 잘 지내라고 인사하고 가려는데, 최근에 본 적 없던 아이의 표정을 보고 말았다. 걱정 말라며 웃고는 있지만 숨길 수 없는 긴장감이 배어 있었다. '아, 이제 정말 시작이구나.' 덤덤한 척 손을 흔들며 학교를 벗어났지만 강화도를 채 벗어나기도 전에 촉촉한 감정이 훅 끼쳐왔다. 잘 내색하지 않던 남편도 눈가가 촉촉해져 있었다.

안이도 우리도 시간이 필요했다. 억지로 마음을 끌어당겨 빠르게 적응하려고 애쓰지 않았다. 평소 자신을 "적응력 갑"이라고 말하는 아이였지만 생소한 환경에서 자신도 모르고 있던 모습을 만나고 받아들일 시간이 필요했다.

집으로 오는 내내 남편과 많은 이야기를 나눴다. 그리고, 입학식 전날 저녁 안이와 나눈 대화를 떠올리며 스스로 감정을 다독였다. "안이가 데리러 오라고 하면 엄마가 묻지도 따지지도 않고 올게!" 낯선 곳에서 새로운 일상을 시작하는 아이에게 이 말을 해뒀다는 것이 아이보다 오히려 내게 안도감을 주었다. 어지간해선 아프단 소리도 힘들단 소리도 하지 않는 아이였기에, 데리러 오라고 연락할 가능성

한눈파는 부모수업

은 희박했다. 그럼에도 든든한 보호처가 있다는 것을 알려주고 싶었다.

입학식 중에 오연호(오마이뉴스 대표) 이사장님이 그랬다. "꿈틀리, 문제 많습니다. 이 사회가 가진 문제가 동일하게 존재하고, 그것을 함께 해결해가는 법을 배우는 게 학교라고 합니다." 나또한 1년간 아무 문제 없이 지내다 오기를 바라지 않았다. 갈등 속에서 부딪히기도 하고, 화해하기도 하며 함께 해결해내는 것이 얼마나 값진 것인지 배우는 시간이 되기를 바랐다. 입학식 후 3박 4일의 예비학교를 끝내고 만난 아이는 다시 학교로 돌아가기 전까지 2박 3일간 집에 머물면서 여러 가지 이야기를 들려주었다. 자기 나이가 가장 어리고 또래도 없어서 처음엔 많이 당황했다는 이야기. 그래서 자기보다 한두 살 많은 친구들을 별명으로 부르는 게 어색했지만 나름 어색하지 않게 부르는 자기만의 방법을 만들어냈다는 이야기. 작곡에 관심이 조금 생기기 시작했는데 작곡을 하는 친구가 있어서 좋다는 이야기. 3월 한 달 화장실 청소 당번이어서 화장실 청소법을 배웠는데 쉽지 않았다는 이야기. 하지만 1년 후에 집에 오면 우리 집 화장실 청소는 진짜 잘할 수 있겠다는 놀라운 이야기. 식사 당번도 했는데 피곤했지만 거기에 비하면 집에서 해오던 설거지 당번은 너무 쉬운 것이더라는 이야기 등.
조잘거리며 들려주는 이야기들 중 무엇보다 좋았던

것은, "이렇게 사람들을 만나니까 내가 생각보다 듣는 포지션이더라고. 처음에는 사람들의 높은 텐션에 맞춰야 하나 싶어서 좀 따라가려고 했다가, 내가 편한 대로 하는 게 맞겠다고 생각하고 아직 듣는 포지션이야. 그게 편해. 1년 같이 지내려면." 그리고 덧붙인 말, "기대돼."

 열여덟 살이 된 안이의 후기

안: 앗, 아빠도 울었어?

화: 그럼, 내가 말 안해줬나?

안: 나 이때 꿈틀리에서 적응 잘한 덕분에 거캠 입학하고
초반에 긴장 없이 잘 지낸 것 같아.

화: 연습이 된 거야?

안: 응.

#6
꿈틀리 인생학교 이야기, 2

　　꿈틀리는 중학교를 졸업한 후 고등학교에 입학하기 전, 1년을 쉬기 위해 오는 아이들이 대부분이었다. 그리고 고등학교를 다니던 중에 자퇴를 한 경우나, 안이처럼 중2 나이지만 중졸 검정고시를 끝낸 상태에서도 입학이 가능했다. 그래서 한두 살 나이 차이가 생기는데, 꿈틀리에서는 언니, 형, 동생과 같은 호칭이 없이 별명으로만 서로를 불렀다. 위계를 없애기 위한 좋은 방법이었다. 선생님도 마찬가지로 별명을 불렀지만 뒤에 "쌤"이라는 한 글자를 덧붙였다.

　　입학식에서 7기 아이들의 별명 소개를 들으며, 첫날부터 뿜어나오는 아이들의 개성이 보기 좋았다. 별명을 소개하는 아이는 진지했고 소개를 듣는 이들의 얼굴에는 미소가 보였다.

　　입학하기 하루 전, 산책을 좋아하는 아이와 함께 동

네를 크게 한 바퀴 걸었다. 함께 걷기가 좋은 이유는, 익숙한 공간에서 나와 시원한 공기를 쐬면 유독 대화가 잘 된다는 것이다. 그날도 걸으며 해결되지 않는 나의 고민을 아이에게 나누었다. 최근 들어 올라온 이상한 열등감에 대해서였는데, 아이는 잠잠히 듣다가 내 이야기가 끝났을 무렵에 엄마가 배려하느라 그런 거라고 격려해주었다. 그리곤 아이의 이야기로 대화가 자연스럽게 이어졌다. 나와 달리 깊게 고민하기보다 다양한 생각을 하는 편인 아이는 요즘 자신에 대해서 생각을 많이 한다고 했다. 본인을 "형용사+ㅇㅇ주의자"로 이것저것 며칠 만들어보다가 마음에 드는 걸 결국 하나 만들어냈다며 알려주었다. "진중한 쾌락주의자".

쾌락이라는 단어가 사람들에게 좋지 않은 뜻으로 쓰이지만 쾌락은 원래 좋은 단어라는 둥, 자기는 쾌락을 선택하는 편이지만 가볍지는 않은 것 같아서 이렇게 만들었다는 둥 여러 설명을 덧붙였다. 이어서 엄마도 하나 만들자고 제안하면서 반드시 앞뒤 단어가 반어적이어야 한다고 조건을 달았다. 형용사는 어렵지 않게 떠올랐다. "겁 많은". 그리고 ㅇㅇ주의자 부분은 아이에게 넘겼다. 쉽게 떠오르지 않기도 했고, 엄마를 어떻게 인식하고 있는지 궁금하기도 했다. 아이는 한동안 고민하더니 세 단어를 불렀고, 나는 그중 하나를 망설임 없이 선택했다. 그래서 "겁 많은 모험가"로 만들어졌다. 겁은 많은데 해야 할 모험에는 용기를 내는 삶을 살아오기도 했고, 앞으로도 그렇게 살고 싶은 의미가 담긴 이 별명이 맘에 쏙 들었다. 우리는 내친김에 아빠의 별명까지 만들어주기로 했지만 우스운 단어만 떠올라서 결국 포기하고, 다음 날 입학식을 위해 강화도로 가는 차 안에서 결국 완성했다. "묵직한 수다쟁이". 몸무게가 좀 나가기도 하고(웃음) 수다를 좋아하되 주제에 대해 묵직하게 들어가기를 좋아해서 그리 결정되었다. 아이는 올해 꿈틀리에서 불릴 "달리"라는 별명까지 두 개의 별명이 동시에 생겼다. 그리고 아이 덕분에 별명이 생기기 쉽지 않은 나이에 남편과 내게도 덩달아 재미난 별명이 생겼다.

자신이 추구하는 의미를 담아 꿈틀리에서 불릴 별명을 짓듯이, 그곳에서 지내는 동안 자신에 대해 충분히 생각할 시간을 가지겠구나 싶었다. 홈스쿨링 하는 동안, 혼자서 두세 시간 걸으며 K-pop에 대한 관심만 깊어진 줄 알았더니, 자신에 대한 생각도 깊어졌다는 것을 그날의 대화를 통해 알게 되었다.

자신을 충분히 들여다보고, 곁의 친구도 들여다보는 한해가 되길 바라는 마음이다. 짬짬이 꿈틀리에서의 생활을 알려주는 아이의 이야기를 들으면서 아이를 신뢰하게 되고, 더불어 꿈틀리를 신뢰하게 된다. 모쪼록 꿈틀리뿐 아니라 존재하는 모든 학교가 세상의 신뢰를 받을 수 있게 되기를 소원한다.

#7

꿈틀리 이야기, 3

아이가 기숙 학교에 입학하기 전 두 가지 걱정이 있었다. 하나는, 행동이 느린 것에 대해서였다. 특히 외출 준비하는 시간이 오래 걸려 거의 매번 우리 부부가 준비를 마치고 아이를 기다리는 형편이었다. 아이의 그런 습관이 공동체 생활에 괜찮을지 걱정되었다. 다른 하나는, 그간 해왔던 교과 공부를 잊어버리지 않을까 하는 걱정이었다. 1년 후에 고등학교 입학과 검정고시 중 무엇을 선택하든 그간 공부한 중등 과정이 기본이 될 텐데 까맣게 잊을까봐 아까웠다. 결론부터 말하자면, 두 가지 모두 엄마의 괜한 걱정이었다. 한 달이 채 지나지 않아 이 두 가지 걱정들은 말끔하게 지워졌다. 너무 이상적인 결론이 아닌가 싶지만 솔직한 마음이다.

꿈틀리에서 오전 일정으로 마니산 등산이 있는 날이었다. 그 전날 밤 굿나잇 인사를 하며 아이는 등산 전에 긴장되는 마음을 전했다. 평소에 장거리 걷기도 많이 해왔고,

등산도 종종 해왔던 터라 그 긴장은 의외였다. "어떤 것 때문에 긴장되는 걸까?" 물었다. "엄마 아빠는 기다려주는데, 여기는 공동체니까…" 이렇게 답이 왔다. 건강한 몸 만들기라는 특활 부서를 선택했는데, 그 부서 멤버들이 선두에 서서 올라가게 되었다고 했다. 선두에서 친구들과 속도를 잘 맞춰서 갈 수 있을지 모르겠다고 하는 말이 의외였지만, 옆을 보는 법을 이렇게 배워가는구나 싶었다. 그러면서도 정작 나는 아이와는 다른 걱정이 앞섰다. 아이에게 말은 하지 않았지만 내 머릿속 그림은 늑장 피우는 아이의 모습이었다. 다들 등산 준비를 마치고 운동장에 모여있는데, 안이만 뒤늦게 준비하느라 허둥지둥할 것 같았다.

　　등산 당일 아침, 평소에 같이 등산을 가거나 장거리 걷기를 할 때만 신던 양말을 꺼내 신은 사진 하나와 함께 아이에게서 메시지가 왔다. 이미 준비를 완료하고 친구들을 기다리고 있다는 내용이었다. 아, 역시 엄마가 괜한 걱정을 했구나. 상황에 따라서 때 맞춰 움직일 줄도 안다는 것을 엄마가 믿어주지 못하고 있었구나. 걱정하는 대부분의 일은 일어나지 않는다는 걸 알면서도 여전히 걱정을 만들어서 하는 걱정쟁이 엄마였다.

　　그리고, 두 번째 걱정을 씻어낸 것은 꿈틀리에서의 첫 2주를 지내고 2박 3일간의 의무 외박을 나오면서였다. 2주 만에 만난 아이는 한 시간 반 걸려 집으로 돌아오는 차

속에서 쉬지 않고 떠들어대다, 집 근처에 다다르자 서점에 들르기를 원했다. 개인 프로젝트를 시작하는 데 도움이 되는 책을 찾아보고 싶다고 했다. 꿈틀리는 상반기에는 개인 프로젝트, 하반기에는 단체 프로젝트가 있었다. 개인 프로젝트는 아이들이 각자 자유롭게 정하는데, 하나를 할 수도, 여러 개를 할 수도 있다. 주제도 무엇이든 가능하다. 그리고 학기 마무리 즈음에 발표 시간을 갖는다.

안이는 "작곡 시도해보기"를 프로젝트 주제로 삼았다가, 막상 작곡을 해보려니 음악에 대한 공부가 먼저 되어야 할 것 같다며 경로를 변경했다. 서점에 들어서면서 어떤 책을 보는 게 좋을지 물어왔다. 음악 전반에 대한 책이나 좋아하는 장르에 대한 책이 어떨까 의견을 건넸다. 하지만 서점에는 안이가 볼만한 책이 없었고, 다음 날 도서관에 가서야 마음에 드는 책을 찾아냈다. 그러더니 마음에 드는 책을 손에 넣은 만족스러운 표정을 지었다. 공부할 주제를 직접 정하고, 수정하고, 자료를 찾고, 공부를 하는 과정. 그리고 혼자 또는 같이 시간을 투자해서 만들어낸 결과물을 친구들 앞에서 드러내 보이는 것. 이런 시간을 보낼 1년을 생각하니, 잊혀질 영어 수학이 더 이상 아깝지 않았다.

오랜만에 함께 보낸 시간은 어찌나 빠르게 지나가는지, 2박 3일이 지나고 강화도로 다시 복귀하는 날 차로 이동하며 물었다.

"다시 들어가는 기분 어때?"

"뭐 특별한 기분 없는데?"

"혹시 또 다른 집에 가는 그런 기분이야?"

"응! 그거야."

아이는 학교를 또 하나의 집으로 느낄 만큼 잘 적응하고 있었다. 그런 아이에게 마음으로 당부를 전했다.

'안아, 힘든 날도 올 거야. 어느 곳이든 좋기만 할 수는 없지. 하지만 미리 앞당겨 걱정하진 말자. 걱정쟁이 엄마가 겪어보니 우리가 걱정하는 일의 대부분은 일어나지 않더라고. 그리고 걱정으로 해결할 수 있는 일은 없더라. 2주 후에 만나자.'

 열여덟 살이 된 안이의 후기

안: 나도 빠른 편은 아니지만, 쌤들이 시간을 넉넉하게 주기도 했고 나보다 느린 애들이 훨씬 많아서 상대적으로 내가 빠른 편이 된 거지. 근데 엄마는 나보다 내 걱정을 더 많이 하는 것 같아. 내 주변에 걱정 인형이 필요한 사람들이 꼭 있어.

화: 맞아, 엄마가 걱정이 좀 많은 편이긴 하지. 그래도 걱정하는 사람들이 있어서 이 사회가 안전하게 돌아가는 부분도 있다는 것을 아느냐.

안: 그치, 근데 힘들어하니까 옆에서 보기에 안 그래도 될 것 같은데 싶은 마음이 드는 거야.

8

꿈틀리 이야기, 4

    강화도의 겨울은 길어서 봄이 시작되어도 여전히 냉기가 남아있더니 어느새 봄의 한가운데로 들어섰다. 지금 우리 아이 또래의 아이들이 허망하게 떠난 상처를 경험한 그날이 여전히 곪아 여물지 못한 채 다시 4월이 되었다.

    코로나 양성 판정을 받고 일주일 간의 격리를 마친 아이는, 아빠 엄마의 걱정을 뒤로하고 혼자 대중교통을 이용해 강화도로 출발했다. 당장 월요일부터 세월호 프로젝트가 시작되고 화요일에는 농사를 시작하는 것이 엄마 아빠의 격리 해제를 기다릴 수 없는 이유였다. 아직 격리 해제가 각각 2일, 3일씩 남은 우리 부부는 달리 방법을 찾지 못하고, 아이의 용기를 믿어보는 수밖에 없었다. 그리고 꼬박 네 시간이 걸려 강화도 불은면 학교 앞 버스정류장에 무사히 하차한 후 아이도, 우리 부부도 전화기를 통해 함께 환호하며 안도했다.

그 주 꿈틀리 아이들은 세월호에 대한 기억으로 한 주를 시작했다. 어떤 방식으로 기억할지 회의를 하고, 몇 개 팀으로 역할을 나누었다. 인터뷰를 진행해서 출간물을 만드는 팀, 기억하는 노래를 부를 합창팀, 꿈틀리 학교 벽에 관련 벽화를 그리는 팀, 피켓팅 팀 등으로 구성되었다. 안이가 포함된 피켓팅 팀은 사람들이 많이 지나는 강화로 나가 조를 나누어 직접 만든 피켓을 들기로 했다. 가족 대화방에서 아이는 굿나잇 인사도 제대로 하지 못할 만큼 피켓팅 준비에 에너지를 쏟았다.

4월 16일, 피켓팅 팀 아이들이 강화 버스터미널 앞으로 나가 피켓을 들었던 이야기를 전해 들었다. 좋지 않은 소리를 하시는 분도 있었지만, 택시 기사님 한 분이 그 앞을 지나가셨다가 다시 돌아와 간식을 주고 가셨다는 따뜻한 이야기도 있었다.

꿈틀리 SNS를 통해 삐뚤빼뚤 하지만 정성 들여 만든 피켓을 들고 있는 아이들의 모습을 보며 많은 생각을 했다. 함께 기억한다고 말은 하지만, 나는 여기서 무얼 하고 있는지, 열심히 움직이는 아이들에게 기대어 이러고 있어도 될 것인가 부끄러웠다. 그렇게 또다시 아이들에게 미안해졌다. 생각이 무거워 움직이지 않고 있는 어른을 대신해서 움직여 주고 있는 아이들에게, 여전히 미안한 어른이었다.

9

꿈틀리 인생학교 이야기, 5

꿈틀리의 스케줄은 어떻게 바라보느냐에 따라 일정이 꽉 채워진 것 같기도, 구멍이 숭숭 난 것처럼 보이기도 했다. 그 공식적인 일정에 상관없이 안이에게는 매일이 꽉 찬 일정이었다. 지난 2년간 홈스쿨러로 거의 대부분의 시간을 혼자 보냈던 안이는, 아침에 눈을 떠서 잠들기 전까지 어쩌면 꿈속까지 친구들과 부대끼며 배움의 한가운데에 있었다. 안이와 다르게 매일 꽉 짜여진 바쁜 일정 속에 있다가 온 친구들은 오히려 갑작스레 주어진 여유로운 시간을 어색해하기도 했다. 각자의 상황은 달랐지만, 아이들이 한 몸처럼 움직여야 하는 일이 있었다. 꿈틀리의 교육에서 중요한 부분을 차지하고 있는 "농사"였다. 아이들은 4월 중 논에 천연 유기농 비료를 뿌리는 것을 시작으로 5월 농사를 준비했다.

5월 중순, 아이들은 모판 떼기 작업을 하느라 물 댄 논에 처음으로 발을 담갔다. 작업 이후 팔 근육의 뻐근함을 호소하긴 했지만, 그보다 수로에서 물장난을 했던 시간의 즐거움이 컸던 모양이었다. 주말에 만난 아이는 한참을 물장난에 대한 이야기를 늘어놓았다.

모판 떼기 4일 후 모내기 날이 되었다. 안이가 입학 전부터 기대하던 날이었다. 기대했던 것만큼 자신의 재능을 찾은 듯 즐거웠다고 했다. "퍽, 푹, 퍽, 푹, 퍽." 마치 모내기 로봇이라도 된 듯 잘 해냈다며 자찬했다. 생애 첫 모내기에 아쉽게도 기대했던 새참은 없었지만, 점심이 수육이었다며 아이는 아주 흡족해했다. 시골에 잘 적응할 수 있을까 걱정 했던 것이 무색하게, 아이는 꿈틀리에 적응한 이후로 시골이 참말 좋다는 말을 자주 했다.

농사에 'ㄴ'도 모르는 엄마는, 이 상황이 신기하기만하고 이 아이들이 기특하기만 했다. 아이들은 앞으로 벼가 자라고 벼의 색깔이 변하는 시간을 함께하며 어떤 마음일까. 봄에 입학한 아이들과, 봄에 심긴 벼가 겹쳐 보였다. 함께 기상하고, 밥을 먹고, 몸을 움직이고, 떠들고, 배우고, 갈등하고, 풀어가고, 웃고, 울고, 고민하고, 잠드는 동안 아이들도 함께 노랗게 익어가겠지. 아이가 처음 세상에 나왔을 때 가졌던 그 한 가지 바람만 다시 마음에 담게 된다. "건강하게만 자라다오."

열여덟 살이 된 안이의 후기

화: 지금도 시골과 도시 중에 선택하라면, 시골?

안: 이것도 또 바뀌었어. 지금은 시골 안될 것 같아. 농사
　　는 하고 싶은데 시골은 인프라가 부족해서 살기가 힘
　　들더라고.

화: 그게 문제네. 그래도 시골과 도시 중에 선택한다면?

안: 나한테 서울 중심은 좀 매력이 없고 그렇다고 완전 시
　　골도 아닌 근교쯤으로 할게.

한눈파는 부모수업

#10

꿈틀리 인생학교 이야기, 6

여름 방학식 겸 아이들이 준비한 매듭 잔치에 참석했다. 풍물, 기타, 중창, 칼림바, 아카펠라, 밴드 연주, 글쓰기와 개인 프로젝트를 마무리해낸 아이들의 결과물을 볼 수 있었다. 그간 삼삼오오 모여 연습해 온 실력이었다. 입시를 앞둔 아이들처럼 필사적으로 배워온 것이 아니라서 그 실력이라는 것이 서툴고 어색했지만, 아이들의 표정에서 뿜어져 나오는 기운은 확실히 입학식 때와는 달라졌음을 느낄 수 있었다. 잘함과 못함에 상관없이 편안해진 표정이었다.

방학식을 끝내고 집으로 돌아오는 차에서 끊임없이 떠들어대다 어느새 잠들어버린 아이를 보면서, 남편과 감사하다는 얘기를 줄곧 했다. 도시에서, 집에서, 혼자서 해볼 수 없는 많은 경험들을 할 수 있었던 꿈틀리에서의 한 학기. 그 경험들로 인해 더 건강해지고 더 단단해진 아이. 열 군데 이상 모기 물린 것쯤은 이제 아이에겐 아무것도 아닌 게 되었다.

방학식을 하고 집으로 온 날, 아이가 짧은 일기를 썼다기에 동의를 얻어 그대로 옮긴다.

"꿈틀리에서의 1학기가 끝나고, 드디어 찾아온 방학이다. 4개월간의 1학기가 끝나고 집에 오니 긴장이 풀린다. 아무리 편했어도 약간의 긴장감은 있었던 모양이다. 사람들과 24시간 함께 생활하다 보면 어쩔 수 없는 일인 것 같다.

한 학기 동안 건강하고 즐겁게 생활했다. 사람을 만나고, 알아가고, 함께하는 과정 하나하나가 모두 소중했다. 개인 프로젝트도 하고, 문학부도 하며 많은 걸 해보았지만 꿈틀리는 뭐니 뭐니 해도 '인간 관계'에 있어서 가장 많은 걸 배우고 알아가는 곳이다. 그런 면에서 참 성실하게 한 학기를 마무리한 것 같아 기쁘다. 배려하고, 주장하며 배워간 한 학기는 결코 헛되지 않았다. 방학 동안 신나게 놀고 충전해서 2학기에도 열심히 사람 공부를 해 봐야지!"

의무 외박 주말에 아이를 데리러 갔다가 마주한 풍경이 있다. 그 모습을 보는 나의 기분 때문이었는지, 실제로 햇볕이 좋았는지 분명치 않은 금요일 오후 꿈틀리 마당의 기억이다.

학교 운동장에 주차를 하고, 계단을 올라 학교 마당에 도착했을 때였다. 살랑살랑 흔들리는 해먹에 한 아이가 편안히 누워있고 양 옆으로 놓인 캠핑 의자에 쌤 두 분이 앉아 도란도란 이야기를 나누고 있었다(두 분 중 한 분은 교장선생님이었다. 그리고 꿈틀리에서는 선생님을 쌤이라 부른다). 쌤이 아이의 이야기를 듣기도 하고, 아이가 쌤의 이야기를 듣기도 했다. 잠시 움직이지 않고 서서 이 장면을 누렸다. "학교"라는 장소에서 보기 힘든 장면이라 더욱 아름답고 소중한 장면으로 기억에 남아있다.

아이들이 자라면서 이런 선생님을, 어른을 만날 확률이 얼마나 될까. 청소년기에 안전한 어른을 만나는 것이 얼마나 큰 축복인가 싶다. 지금도 꿈틀리 졸업생들은 친구들뿐 아니라 쌤들과도 연락하며 지낸다고 들었다. 언젠가 성인이 되어서 함께 맥주 잔을 부딪치는 만남을 할 수 있는 선생님이 존재하는 생이 더없이 부러우면서도, 나도 누군가에게 조언 없는 안전한 어른으로 여물어 가기를 소원한다.

11

꿈틀리 인생학교 이야기, 7

흔히들 나이대별로 느끼는 시간의 속도가 그 나이의 숫자와 비슷하다고 하는데, 꿈틀리에 있는 십대들이 느끼는 속도는 적어도 10km대는 아닐 듯싶다. 특히 2학기의 하루 하루는 곁에서 보고 있는 부모에게도 그 속도가 유독 빠르게 느껴졌다.

아이에게 전해 듣기로, 우선 1학기를 함께 지낸 친구들과의 2학기는 그 분위기부터 판이했다. 서로에 대한 긴장감은 더 이상 꺼낼 필요가 없이 편안해 보기도 하지만 반대로 숨기던 성향도 쉽게 튀어나와 불편해지기도 했다. 2학기는 함께 엮어가야 할 큰 프로젝트가 많아 더욱 뭉칠 수밖에 없는 상황이었다. 2주간의 덴마크 이동학교, 벼농사 추수, 김장 그리고 1학기부터 해오던 개인 프로젝트를 마무리하다 보면 어느새 졸업식일 것 같았다.

2학기를 시작하고 첫 의무 외박은 1주일 만이었다.

새로운 수업들이 생겼고, 선택 수업 중엔 한국사와 손다룸(만들기 수업)을 선택했다며 지난 일주일에 관해 이야기해 주었다. 1학기 때 하던 동아리 중 한두 개는 변경도 해가며 자신의 관심사를 찾아가는 듯했다. 아이는 새로운 학기에 대한 기대감으로 약간 흥분되어 보였다. 그리고는 잠시 들른 동네 마트에서 이제 커피를 시작해야겠다며 다디단 커피 한 팩을 장바구니에 담았다. 일주일 중 가장 졸리는 때가 월요일 오후인데 좋아하는 한국사 수업이 그 시간대라 졸 수 없다는 이유였다. 자신에게 펼쳐질 앞으로의 시간에 대한 기대였다.

울고 웃으며 서로를 맞추어 가는 데 에너지를 가장 많이 쏟았던 1학기를 지내고, 조금은 편안해진 2학기를 지켜보면서 뾰족이 돋아나는 한 가지 생각이 있었다. 십대들도 놀아야 한다는 것. 어린아이들만 놀아야 하는 것이 아니라, 청소년들도 놀아야"만" 한다는 것이었다. 하지만 아이들 스스로 마음의 여유를 가질 수 없다는 이 현실이 안타깝기만 했다. 2년을 아이와 홈스쿨러로 지냈음에도 여유롭게 보이는 아이의 일정이 가끔씩 나를 조바심 나게 했으니 그 마음 또한 알 듯하다.

"안아, 꿈틀리 시간이 반 이상이 지나갔는데 달라진 점이 있을까?" 아이를 데려다주는 길에 물었다. "응, 내가 이제 적응력 하나는 씹어먹지." 다소 과격한 표현으로 자신

있게 말해주었다. 공동체 생활은 이제 어지간해서는 잘할 수 있을 것 같다고 했다. 그리고 책임감과 자신감도 자랐다고 말했다.

밖에서 보기에 노는 시간이 많아 조바심 나는 그런 날도, 아이의 내면 어느 부분은 분명 자라고 있었을 것이다. 그리고 아이는 나름 잘 보낸 날에 대한 뿌듯함을 점점 자주 표현했다. 비단 안이만 그럴까. 아이들은 모두 자신의 인생을 잘 만들어가고 싶은 마음이 있다고 들었다. 다만 자신의 시간을 스스로 운용해볼 기회가 없을 뿐이다.

 열여덟 살이 된 안이의 후기

안: 아, 한국사 수업! 그 수업이 교과 수업으로는 진짜 참된 수업이었지. 그때 역사 지식이 확 늘었어.

화: 그때 너희 시험도 같이 준비하지 않았나? 한국사능력검정시험.

안: 근데 애들은 여섯 명 다 패스 못하고 쌤은 하나 틀리셨지. 그래도 그때 진짜 열심히 재미있게 했었어. 동예 특산물 단궁, 과하마, 바나피가 아직도 생각나.

<u>#12</u>
꿈틀리 인생학교 이야기, 8

아이들은 함께 일상을 살아내며 울기도 하고 웃기도 하며 졸업을 향해 순식간에 빨려 들어가는 듯 2학기를 지냈다.

덴마크 배움 여행을 떠나기 전부터 아이들은 여러 준비로 바빴는데, 방문 예정인 애프터스콜레에서 만날 현지 친구들에게 줄 선물 만들기와 팀별 자유여행을 같이 할 친구들과 의견을 조율하며 계획짜기 등으로 바쁜 일상을 전해왔다.

덴마크에서의 2주 일정은, 홉트럽 애프터스콜레에서 4박 5일, 바흐네이호이 애프터스콜레에서의 2박 3일, IPC(International People's College) 당일 방문까지 세 곳의 애프터스콜레 방문과 팀 여행, 개인 여행까지 다양한 경험으로 구성됐다. 아이는 빡빡한 일정에 힘들었다고 하면서도 덴마크의 또래 아이들과의 시간을 언제 또 경험할 수 있겠냐며 여행을 다녀온 뒤 함께 있는 주말 동안 크고 작은 에피소드를 쏟아내었다.

덴마크 여행에서 돌아와 다시 강화도로 모인 아이들은 농사복을 입고 호미를 들었다. 고구마 농사, 벼농사를 처음부터 판매나 포장까지 감당해내느라 쉽지 않았을 것이다. 아이들은 봄에 벼농사를 시작하면서부터 "쌀 한 톨의 무게는 얼마나 될까"라는 노래를 불렀다. 이 노래가 아이들의 머릿속에 자연스럽게 기억되듯, 농사의 과정마다 쏟았던 수고가 마음속에 자연스럽게 기억되기를 바랐다.

여행을 하고 농사를 짓는 동안 가을이 무르익었고, 아이들은 내년을 위한 본격적인 고민이 시작되었다. 안이는 1년간 쉬었던 홈스쿨링을 이어가는 것을 당연하게 생각하다가 친구들과 함께 이야기하며 고민이 많아졌다. 일반 고등학교에 가볼까? 다른 대안 고등학교는 어떨까? 긴 고민 끝에 결국 거꾸로 캠퍼스로 마음을 정했다. 진로 고민에 도움을 주기 위해 꿈틀리를 졸업한 선배들이 다녀간 날, 아이는 이런 표현을 했다. "엄마, 꿈틀리는 진심으로 진로에 대해서 함께 고민해주는 게 느껴져."

2학기 마지막 스케줄은 졸업 여행이었다. 꿈틀리 졸업 여행은 장소부터 스케줄까지 아이들이 대부분의 것을 정했다. 결정된 여행지는 여수였다. 꿈틀리에서 바로 여수로 이동했기에 여행짐을 싸며 빠뜨린 것은 없는지 도와줄 수 없었지만, 그동안 스스로의 일상을 꾸리는 데 익숙해진 터라 여행 짐을 싸는 것은 아이에게 별일이 아니었다. 설사 깜빡 챙기지 않은 짐이 있다고 해도 함께 생활하며 함께 누리는 것이 익숙해진 친구들과의 여행이라 큰 문제가 되지 않았다. 학교에서 용산역으로 대중교통을 이용해 이동하며 아이는 사진과 함께 메시지를 보내주었다. 여행 동안 삐걱대는 일도 있겠지만 아이들은 이미 여수에 도착한 듯 즐거워 보였다.

　2학기 마지막 스케줄인 졸업 여행 후 겨울 방학을 앞둔 아이에게 아쉽지 않냐고 물었다. 1년 반이라면 딱 좋겠지만, 조금 아쉬운 1년이어도 괜찮은 것 같다는 답변을 했다. 그리고, 평생을 만날 친구들이 생겼으니 괜찮다는 말도 덧붙였다.

 열여덟 살이 된 안이의 후기

안: 덴마크 이야기가 더 있었으면 좋겠는데 아쉽네.

화: 엄마가 기억이 잘 안나서 어쩔 수 없었다는.

안: 애들이랑 다같이 2주 동안 갔는데 덴마크 애들이랑 교
　　류도 하고, 영어가 잘 안되긴 했지만 직접 대화도 많이
　　해보고 그런 게 정말 좋았어. 덴마크 음식은 정말 맛없
　　었지만 우리가 만들어준 한국 요리도 덴마크 애들은
　　맛없었을 거야.

화: 무슨 요리 해줬었어?

안: 떡볶이. 매워서 못 먹더라고. 그래도 선보여주고 했던
　　게 좋은 경험이었지.

13

꿈틀리 인생학교 이야기, 끝

    이틀에 걸친 꿈틀리 졸업식이 있었다. 아이들이 1년 동안 해온 개인 프로젝트 발표가 있었고 1년을 돌아보며 쓴 졸업생들의 에세이 낭독과 부모의 소감을 나누는 간담회 그리고 졸업장 전달이 있었다. 졸업장을 전달하는 동안 티슈박스가 여기저기 바삐 오갔다. 교장선생님이 아이들 각자에게 해주고 싶은 말을 꾹꾹 눌러담은 단 하나뿐인 졸업장이었다. 그것을 읽고 전달하는 선생님도, 받아 드는 아이도, 바라보는 부모도 눈물을 참는 것이 쉽지 않았다. 기념 촬영을 마지막으로 모든 순서가 끝난 후 기숙사에 남은 짐들까지 모두 차에 실었지만, 정작 아이들은 쉽게 차에 오르지 못했다. 1년간 그곳에서 느꼈던 수많은 감정과 일상이 배인 곳을 떠나는 것이 생각했던 것보다 더 쉽지 않은 듯 보였다.

    꿈틀리에서 안이의 1년. 간담회에서 낭독했던 에세이를 아이의 허락을 받아 그대로 옮겨본다.

'1년이 지났다고?'라는 말은 1년을 마무리하는 말로 자주 사용하죠. 이제까지는 저는 이 말을 '(별로 한 게 없는 것 같은데) 1년이 지났다고?'라는 의미로 사용했다면, 이번에는 '(2년 정도 지난 것 같은데) 1년이 지났다고?'라는 의미로 사용했습니다.

꿈틀리는 저에게 미디어를 벗어난 아날로그적인 추억을 쌓을 수 있도록 도와주었고, 저는 그 도움을 받아 같은 시간을 놀았지만, 전혀 다른 차원의 생동감과 뿌듯함을 선물 받을 수 있었어요. '놀다'라는 건 이런 거구나! 하는 생각을 한 적이 한두 번이 아니에요. 그 강렬한 순간들을 체험한 것만으로도 저는 꿈틀리에 오기 정말 잘했다! 라는 생각입니다. 이곳에서 놀면서 '어떻게 쉬는지'에 대해 깊이 있게 배울 수 있었어요. 열심히 무언가를 학습하고 일하는 만큼 쉬는 것도 중요하더라고요.

그 균형을 맞추는 게 참 중요한 것 같습니다. 꿈틀리에 오기 전 제가 상상했던 쉼은 그저 침대에 누워 맛있는 젤리를 먹으며 유튜브를 보는 장면이었어요. 1년이 지난 지금엔 바로 생각나는 장면은 없지만 아마 설명하자면 한여름에 앞뒤 재지 않고 물놀이를 시작하던 꿈틀리에서의 추억이 지금 제가 생각하는 쉼과 가장 가까울 듯해요. 그때 당시에는 나름 물속에서 치열했을지 몰라도, 그 순간이 계속 제 속에 남아있어요. 무엇이든지 깊이 이해할수록 정의하기 어려워지는 것 같아요. 제가 쉽게 문장으로 쉼을 표현하지 못했던 것처럼요. '정의를 내리다'라는 개념은 그 대상을 객관적으로 바라봤을 때 이루어질 수 있는데, 그 대상과 가까워질수록 주관적이어져서 객관적으로 될

291

chapter 3. 홈서포팅

수 없는 게 당연한 수순이기 때문 아닐까요? 그런 의미에서 제가 쉼을 정의하기 어려워졌다는 사실은 더할 나위 없는 희소식이에요.

그리고 꿈틀리의 친구들이 모두 한번쯤은 고민해봤을 주제를 꺼내보고자 해요. 저는 꿈틀리에 오기 전 홈스쿨링을 하며 나 자신에 대한 고민을 이미 실컷 해 봤기 때문에 상대적으로 저의 정체성보다는 관계에 초점을 맞추며 지냈어요.

홈스쿨링을 하며 제가 놓친 건 흔히들 걱정하는 사회성이 아니라 남과 거리를 둘 줄도 아는 기술이었어요. 진짜진짜진짜진짜 솔직히 말씀드리자면 저는 인간에 대해 기약 없는 기대도, 이유 없는 실망도 하지 않는 안정적이고 방어적인 타입이에요. 그래서인가 감정의 폭이 크지 않고 별고민 없이 넘겨버리는 편입니다. 때문에 친구들과 관계를 맺는 건 수월했지만, 아무리 생각해도 나와 정말 맞지 않는 사람과는 거리를 둘 줄도 아는 게 현명하더라고요.

물론 저의 뚜렷한 변화도 있었습니다. 꿈틀리에서 살아가는 하루하루가 수많은 배움과 깨달음, 변화의 연속이었어요. 부모님 외에 이렇게까지 가까워졌던 사람들도 처음이라 저도 저에게 많이 놀랐구요. 이런 저의 변화와 기쁨을 알기에 더욱 친구들의 변화를 도와주고 싶었어요.

음... 친구의 변화를 기다리는 것이 뿌듯한 적이 많았지만 정말이지 질리기도 했어요. 그런 저의 모습에 약간의 자괴감에 빠진 적도 있었네요. ㅎㅎㅎ 친구들의 변화에 제가 조금이라

도 도움이 됐는지는 잘 모르겠어요.ㅠㅠ

　　1학기 초반에는 친해지기에 여념이 없었고, 1학기 후반에는 '내가 이상한 건가?' 하며 나 자신을 되돌아봤어요. 2학기 초반에는 '다 그렇구나'를 깨달았고 2학기 후반에는 적당한 거리를 유지하는 법을 연습했죠. 부끄럽지만 우리는 아예 다 다른 사람이라는 걸 1학기가 끝나갈 때야 알았던 것 같아요. 나와 너의 균형은 아마 제 평생의 숙제로 남지 않을까 싶네요. 모두가 좋은 면도 가지고 있었던 친구들이었기에 더 많은 고민이 필요했어요. 아예 나빴으면 뒤도 돌아보지 않고 등을 돌렸을 테지만, 오히려 그 친구들의 좋은 점도 너무 잘 알았기에 더 힘들었어요. 그런 고민들 속에서 인간의 양면성에 감사하기도 하고 미워하기도 했었네요.

　　이렇게 제 이야기를 하다 보니 꿈틀리에서의 배움이 정리되는 느낌이네요! 많은 걸 배웠지만 가장 기억에 남은 건 쉼과 관계에 대한 배움이었어요. 그리고 그 두 개의 배움에 모두 등장하는 중요한 키워드는 균형이에요. 일과 쉼, 나와 너 사이에서 뿐만 아니라 균형을 맞추는 일은 인생의 목표라고 해도 될 정도로 중요하다는 걸 깨달았습니다. 꿈틀리는 제게 '균형'을 알려주었어요. 꿈틀리에 지내면서 많은 분들께 "꿈틀리는 너에게 어떤 곳이야?"라는 질문을 정말 많이 받았는데요, 그럴 때마다 얼버무리는 말로 자리를 모면하곤 했어요. 하지만 이제는 자신 있게 저의 꿈틀리를 설명할 수 있을 것 같아요.

　　제 꿈틀리는 '시소'였습니다. 저에게 처음으로 균형이

무엇인지 알려주고 즐거운 추억을 선사해 주었던 시소 위에서 여러분 덕분에 정말 즐거웠습니다! 1년 동안 함께 했던 완수쌤, 파도, 보름, 오곡, 동묘, 아카, 민들레, 라니 선생님과 15명의 친구들에게 정말 감사하다는 말씀드리고 싶어요! 모두가 제 최고의 스승님이었습니다. 감사합니다~!

 열여덟 살이 된 안이의 후기

안: 내가 이렇게 썼었구나. 내가 썼는데도 전혀 생각이 안 나.

화: 엄마는 이 글 보면서, 어떻게 생각하면 1년이 그리 길지는 않은 시간인데 너한테는 그 1년이 지금도 엄청 커 보여.

안: 그치, 그 영향력은 아마 3년을 훌쩍 넘길걸.

화: 왜 그럴까? 통학이 아니라 1년을 같이 살아서?

안: 그런 것도 있고, 강력한 추억이 많았지.

화: 예를 들어 말해주면?

안: 농사부터 시작해서 물놀이나 눈싸움 거하게 했던 거. 너무 많아. 조금더 커서 꿈틀리 친구들 만나면 남자들 군대 얘기하는 느낌으로 할 얘기가 많을 것 같아.

#14
1년간의 꿈틀리 인생학교 이후,

꿈틀리 졸업식을 남겨둔 겨울 방학을 시작하면서 아이에게 물었다. "안아, 거캠 가면 기본적인 과목 수업은 있는데, 수학은 체크 좀 안 해도 괜찮겠어?" 했더니 어디서 온 자신감인지 다 기억난단다. 마침 버리지 않고 남아있는 중3 수학 문제집이 있길래 풀지 않는 페이지를 내밀어 보았다. 아이는 잠시 훑어보더니 중등 수학 전체 내용이 한 권에 들어있는 문제집을 사야 할 것 같다고 했다. "다 생각날 줄 알았는데 개념 정리를 다시 해야 할 것 같아." 그러고는 다음 날부터 문제집을 붙들고, 개념에 대한 간단한 문제만 있음에도 몇 개씩 틀려가며 기억을 되살리려 고군분투했다. 거캠에서 첫해에는 국어, 영어, 수학, 사회, 과학 수업이 있기도 하지만 언젠가 고졸 검정고시도 봐야 하니 중학 수학은 되살려 놓는 게 좋을 것 같아서 권유했다. 아이는 홈스쿨링을 하던 시기에 수학을 대하는 것과는 사뭇 다른 마음가짐이 보였다. 그새 몸이 자란만큼 마음도 자랐는지 교과 공부를 대하는 태도가 달라보였다. "너 뭔가 달라보여" 했더니 아이가 절대 보여줄 생각이 없었던 뭔가를 꺼내는 듯 느리게 노트 하나를 내밀었다. 2학기 동안 쓴 일기 형식의 글이었다.

'언제 이렇게 자란 거지? 더 이상 아이가 아니라 어른으로 대해야겠구나'.

읽는 동안 거듭 다짐했다. 옆을 볼 자유를 누리며 신나게 놀기만 한 줄 알았더니, 노는 중에도 아이의 생각은 깊어져 있었다. 그리고 안이 또래의 대부분의 아이들도 이만큼 생각이 자라 있을 거란 생각이 들었다. 단지 우리가 정리된 아이의 마음을 읽을 기회가 없었을 뿐.

아이를 어른으로 대해야겠다고 마음먹은 다음 날 아침, 시간 제한을 걸어두었던 스마트폰 어플 두 가지 모두 제한을 풀었다. 그리고 이것이 엄마가 이제 너를 어른으로 존중하겠다는 첫 번째 표현이라고 말해주었다. 그리고 두 번째 표현으로 확실하게 보여주기 위해 노력하고 있는 것은 순간순간 아이를 믿는 것이다. 아이가 내리는 사소한 결정도 믿는 것. 믿어주는 것이 아닌 순수하게 믿는 것.

사소한 것부터 믿고 맡기려고 노력했다. 예를 들어 친구를 만나러 먼 거리를 이동할 때 선택한 대중교통 노선 선택처럼, 아이가 선택한 방법보다 좀 더 편하고 빠른 방법을 알고 있더라도 굳이 말하지 않는 것과 같은 것이다. 이런 사소한 스스로의 결정이 모여 어른이 되어가는 것이라고 생각했다. 아이가 커갈수록 도움을 요청하는 횟수가 확연히 줄어들지만, 요청이 있을 때만큼은 그 손을 힘주어 꽉 잡아주려 한다. 아이는 알고 있는지 모르지만 엄마의 눈에는 독립할 준비가 시작된 것이 보인다. 그럼에도 엄마는 아이의 독립을 위해 연습해야 할 것이 많다.

　무엇을 해도 좋을 나이 열일곱, 아이의 선택과 걸음을 존중하는 것부터 시작이다.

#15

거꾸로 캠퍼스 이야기

홈스쿨로의 컴백이 아닌 거캠을 선택하고 그렇게 적응하는가 싶더니 벌써 2년이 거의 지났다. 꿈틀리에서의 느슨한 일정과 반대로 거캠의 일정은 많이 빠듯했다. 입학 초반에는 두 학교의 상반된 분위기 탓에 약간의 걱정이 있긴 했지만, 아이는 적응을 잘 해냈고 오히려 점점 즐기기 시작했다(역시 부모의 걱정이란…). 매일매일이 즐거운 일만 있지는 않았겠지만, 귀찮음과 힘듦은 배우는 즐거움을 이기지 못했다. 원하는 주제를 선택해서 개인 프로젝트를 만들고 팀 프로젝트를 해나가는 것이 큰 역할을 하지 않았나 싶다.

거캠에서는 방학식을 앞두고 매해 두 번 학생들(이하 거캐머)의 "배움 장터"가 열린다. 입학 후 첫 여름 방학을 앞두고 배움 장터에서 본 거캐머들의 모습을 선명하게 기억한다.

한 학기 동안 팀으로, 개인으로 어떤 프로젝트를 어떻게 진행해 왔는지 볼 수 있는 시간이었다. 팬데믹으로 온라인으로만 진행되던 것이 3년 만에 다시 오프라인으로 열려서 그런지 활기가 대단했다. 오후 1시부터 진행된 배움 장터가 6시까지 이어졌는데도 전혀 지겹지 않았던 것은, 거캐머들의 그동안의 열심이 고스란히 전해져 왔기 때문이다.

프로젝트 주제는 그야말로 각양각색이었다. 지난 학기 주제였던 "AI로 인한 일자리 변화"에서 뻗어져 나온 프로젝트로부터 시작해서, 코딩을 활용한 앱 개발 관련 프로젝트, 마케팅 수업 시간에 배운 것을 활용한 프로젝트, 개인 관심사에서 시작된 프로젝트, 사회 문제를 찾고 해결책을 찾아가는 프로젝트들과 창업까지 성공적으로 연결된 팀의 프로젝트 설명까지. 프로젝트 내용에서도 놀랐지만, 무엇보다 놀랐던 것은 프로젝트의 완성도를 떠나서 사람들 앞에서 발표하는 아이들의 의젓한 모습 때문이었다. 특별한 한 아이만이 아니라, 주체적으로 자신의 프로젝트를 만들어가는 거캐머 대부분에게서 볼 수 있는 모습이었다.

이제 거캠에서 2년차가 된 안이는 어휘력을 주제로 팀 프로젝트를 진행하며 다양하게 배울 수 있었다. 세 명의 팀원 모두가 머리를 모아 사회의 문제를 발견하고, 그것의 원인과 결과를 찾고, 비전을 수립하고, 솔루션을 고민하고 만들어내기까지 오롯이 2년이 걸렸다. 그 과정에서 자료를 찾는 법을 배우고, 실제로 설문 조사를 하고, 솔루션 개발에 필요한 코딩을 공부했다. 뿐아니라, 팀원들 안에서 갈등이 있을 때 나서야 하는 순간과 물러서야 하는 순간을 배웠다. 무엇보다 가장 박수를 크게 보낸 것은, 스마트폰 앱으로 솔루션을 개발하다가 모든 것을 엎고 처음부터 다시 고민하기로 결정한 날이었다. 아이들은 심사숙고해서 결정했음에도 힘들어했지만, 곁에서 지켜보는 나로서는 큰 박수를 보낼 수밖에 없었다. 아니라는 생각이 들지만 그대로 끌어가지 않고, 그동안의 수고를 내려놓고 다시 시작하기를 선택한 아이들의 용기가 빛나보였다. 그 결과 현재 이 아이들은 직접 제작한 보드게임을 세상에 내놓게 되었다.

가족 모두 선택한 것에 있어서 후회가 없는 편이라서 그런지, 꿈틀리에 이어 거캠도 만족도가 높았다. 배움 장터에서 본 아이의 첫 프로젝트 발표 모습도 새롭고, 함께 만들어낸 보드게임도 만족스러웠지만, 아이가 귀가할 때 보여준 표정 하나만으로 이미 충분히 만족스러웠다.

처음 참석했던 배움 장터에서 엑싯(Exit, 거캠에서 졸업 대신 사용하는 용어)을 앞둔 거캐머가 말했다. 2년간 거캠에 있다가 이번 학기를 마지막으로 아직 정확히 무엇을 할지 모르고 머뭇머뭇하고 있지만 이제는 뭐든 할 수 있는 마음이 생겼다고. 시험 성적으로 평가받는 시스템에서 벗어난, 시도와 실패가 가능한 시스템 안에서의 경험이 그런 마음을 가질 수 있게 했을 것이다.

한눈파는 부모수업

(참고로, 거캠의 교육 과정은 Exit의 시기가 정해져 있지 않다. 대부분 프로젝트 중심 수업으로 이루어지는데 개인 또는 팀마다 원하는 프로젝트의 진행 정도에 따라 그 시기를 정한다. 평균 2년 또는 2년 6개월 정도 재학하고, 경우에 따라 1년 또는 3년을 재학하기도 한다.)

16

아이가 자라도 놓지 않는 것,
책과 질문 1: 책in밥

거캠에서의 배움은 자료를 찾을 일이 많아서 아이는 자연스럽게 책이나 논문, 기사들을 읽었다. 그간 책수다를 하면서 같이 책을 읽고 질문을 정리하고 받은 질문에 답을 했던 경험이 자료를 찾고 정리하는 데 도움이 되었다는 아이의 말에 내심 뿌듯했다.

거캠 입학을 한 달쯤 앞둔 주말, 요즘 우리 가족 중에 책을 가장 많이 읽는 사람이 누구냐 하며 장난스러운 수다가 시작되었다. 꼬리에 꼬리를 문 그 수다는 주말 메뉴 선택권을 가지는 게임을 만들자는 의견으로 이어졌다. 매월 마지막 날에 읽은 권수가 가장 많은 사람이 그 주말 저녁 외식 메뉴를 정하기로 했다. 한끼 메뉴를 정하는 것이 보상으로서의 매력이 있을까 싶기도 하지만, 그것을 핑계로 매월 작은 이벤트 같은 식사를 하는 재미가 더해져 현재까지 잘 유지되고 있다.

　　책 속에 밥이 있으니, 이름하여 "책in밥". 읽기 시작한 시기와 상관없이 책의 마지막 페이지를 읽은 날짜를 기준으로 정했다. '그러잖아도 안이의 책 읽는 속도가 빨라서 걱정인데 이렇게 하면 의미 없이 빨리 읽고 권수만 채우는 거 아냐?' 싶은 생각이 들기도 했지만, 아이는 그 정도까지의 의욕이 생기지는 않았는지 거캠 입학 후로는 한 달에 한 권도 채 못 읽는 달도 많다. 그렇게 책을 읽지 못한 달에 아이는 월말이 가까워올수록 자신과 음식 취향이 비슷한 아빠의 독서를 적극적으로 응원한다.

　　거실 벽 보드의 한 켠은 늘 책in밥 코너로 선이 그어져 있다. 각자의 이름 옆에 읽은 책 제목과 저자를 적는다. 매일 오가며 자연스럽게 보드를 보게 되니 말하지 않아도 책 읽기 독려가 되는 장점도 있다. 더 좋은 건, 가족들이 서로 무슨 책을 읽고 있는지 자연스럽게 알게 된다는 것이다. 그러다 생소한 책 제목을 보게 되면 책에 대해 묻기도 하고, 다음 읽을 책을 정할 때 서로 읽은 책을 참고하기도 한다. 이제는 책수다처럼 날짜와 시간을 정해서 모여 앉지는 않지만, 일상에서 자연스럽게 책 이야기로 대화 주제가 옮겨갈 때면 지난 4년간의 책수다가 이어지는 느낌이다. 책수다는 오래 이어온만큼 쉬이 사라지지 않고 세 식구 틈 사이에 숨어서 필요한 타이밍에 적절히 존재감을 드러낸다.

그리고 올해로 두 번째지만 우리 가족의 새로운 전통으로 자리잡아 가고 있는 것이 있다. 새해 첫 책 선물하기.

작년 새해 첫날 세 식구가 서점 나들이에서 우연히 이 이벤트를 하게 되었는데, 생각보다 큰 즐거움이 있어 앞으로 계속하자고 의견을 모았다. 그 방법은 간단한데, 가족 중 한 명씩 번갈아 서점 밖이나 휴게 장소에 머물고 나머지 가족들이 서점으로 들어간다. 기다리는 사람이 좋아할 만한 책을 비밀스럽게 의논해서 고르고 구입한 후 가방이나 옷 속에 책을 숨겨 나온다. 이 순서를 반복해서 모든 책이 구입 완료되면 한번에 꺼내어 펼쳐보는 방식이다. 그 책을 선택한 이유를 간단하게 이야기해 준다. 가족들이 서로를 위해 심사숙고해서 고른 책을 받는 즐거움도 있지만, 책을 고르면서 받는 이의 최근 관심사에 대해 떠올려보고 연관지어 책을 고르는 것도 큰 즐거움이었다. 이제 두 번째지만, 처음보다 선물 받은 책에 대한 만족도가 조금 더 높아졌다.

이제 곧 어른이 될, 아니 이미 어른이 되어가고 있는 안이에게 「어떤 어른」(김소영)을 선물했다. 어른이 되어가는 과정을 응원하고픈 마음이었다. 이렇듯 작은 책 한 권이지만 서로 삶을 응원하는 좋은 전통으로 자리잡아 갈 수 있으면 하는 바람이다.

#17

아이가 자라도 놓지 않는 것,
책과 질문 2: 질문 가족

주말이 지나면 질문 가족 또는 질문 부부라는 제목으로 개인적인 기록을 남긴다.

처음은 남편과 관계가 매끄럽지 않던 시기를 넘기고, 토요일 이른 아침 둘이 같이 걷기를 시작하면서부터였다. 나름 대화가 많은 편이라고 생각하며 20년에 가까운 세월을 함께 살았지만 아직도 서로 모르는 부분이 많다는 생각이 들었다. 그래서 질문이 시작되었고, 남편은 자신의 내면을 들여다보는 것에 워낙 어색했던 터라 처음부터 대답이 쉽지는 않았지만, 이제는 마음에 대한 질문도 대답도 많이 편해졌다. 그러다 아이도 토요일 아침 걷기에 종종 동행하게 되었고, 질문 부부에서 질문 가족이 되었다. 날씨가 너무 춥거나 더워 걷지 못하는 날에는 주말 여유로운 식사 시간을 이용해서 질문 시간을 갖는다.

먼저 질문거리가 생각난 사람부터 질문을 하고, 질

문자를 포함해서 세 식구 모두 답변을 한다. 그리고 그 다음 사람이 질문을 하고 답하는 식이다. 억지로 하지는 않는다. 질문이 떠오르지 않는 날은 편하게 넘긴다. 가끔이지만 주중에 좋은 질문을 발견했을 때 이 시간을 위해 메모해두는 경우도 생겼다.

부부가 했던 질문과 아이와 함께했던 질문은 대체로 다음과 같은 것들이다.

<아이와 셋이서 나눈 질문>

"요즘 가장 많이 돈을 쓰는 분야는? 또는 쓰고 싶은 분야는?"

"자유로운 하루를 허락받는다면 세 식구 다같이 하고 싶은 것은? 또 혼자 하고 싶은 것은?"

"초능력을 갖는다면 어떤 능력을 갖고 싶은가?"

"개인적으로 마지막까지 AI나 로봇이 침범하지 않지 않았으면 하는 영역이 있다면?"

"올해 상반기가 열흘도 채 남지 않았다. 아쉬움 vs 만족 중에 어떤 감정이 드는가? 그 이유는?"

"우리집에 빈 방이 하나 생긴다면, 어떤 방으로 만들고 싶은가?"

"엄마 아빠가 다시 대학에 간다면 전공해보고 싶은 분야는?"

"지난 6개월 정도를 돌아보면서 인생의 오르막이라고 생각되는 일이 있었다면?"

"지난 일주일을 생각할 때 떠오르는 장면은?"

"우주선에 혼자 고립된다면 지구에 요청할 세 가지 물건은?"

<부부가 나눈 질문>

"요즘 하루 중에 내가 가장 좋아하는 시간은?"

"최근에 상대방 때문에 기분 좋지 않았던 적이 있다면?"

"요즘 서로가 매력적으로 보일 때는 언제인지 말해주기 하자."

"향후 5년간 그럴 일은 없을 것 같지만, 만약에 남편이 명예 퇴직을 하게 된다면 기분과 생각은 어떨 것 같은지?"

"어떤 대화를 좋아해? 또는 하고 싶은 대화는 뭐야? 또는 대화 중에 이런 건 정말 없었으면 좋겠다 싶은 건?"

"이번 일주일을 날씨로 나타낸다면 어떤 날씨?"

"최근 일주일 또는 한 달, 나의 내면의 목소리는 무엇이었는지?"

"우리 두 사람 모두 크게 일탈 없이 자랐는데 이 나이에 해보고 싶은 일탈이 있다면?"

"여름 방학 하면 떠오르는 추억은 어떤 장면이야?"

"서로의 말 중에 듣기 좋은 말과 듣기 불편한 말 하나씩 말하기"

위의 마지막 질문 덕분에 평소 내가 자주 했지만 하는 줄 몰랐던 말을 알게 되었다. "무슨 말인지 알겠지?"라는 말이었다. 남편은 내가 어린아이에게 말하듯 하는 뉘앙스에 기분이 좋지 않다고 말해주었다. 우선은 전혀 몰랐다고 사과를 전했고, 앞으로 어떻게 말하면 좋을지 알려달라고 요청했다. 두세 번의 문장 수정을 거쳐 "내 말의 의미가 잘 전달됐어?"로 결정되었다. 어색했지만 어려운 일이 아니었기에 상대방이 좋아하지 않는 말을 계속 유지할 이유는 없었다.

질문을 통해서 서로의 욕구를 알아가게 된다. 서로를 알 수 있지만, 자신을 알아가는 시간도 되어 좋다. 결혼 19년차에도 서로에 대한 새로운 정보가 계속 나오는 게 신기하기만 하다. 그래서, 달콤한 주말 아침잠을 포기하고 나가서 걷기를 선택한다.

#18

아이가 자라도 놓지 않는 것,
책과 질문 3: 가족 워크숍

안이가 열한 살이었을 때부터 지금까지 매년 연말이면 돌아오는 질문 시간이 있다. 지나간 한 해에 대해 서로에게 또는 자신에게 묻고, 맞이하는 새해에 대해 다시 묻는 가족 워크숍이다. 생각해보면 이 워크숍도 PT수다처럼 다른 가족이 하는 것을 보고 따라서 시작해 본 것이다. 남편이 참여하고 있던 아빠들 모임에서 한 가족이 가족 워크숍을 하고 있다는 얘기를 듣고 우리 가족도 하면 좋을 것 같다는 남편의 제안으로 시작해서 올해로 여덟 번째였다.

가능한 여행지 숙소에서 워크숍을 하는데, 집에서 할 때보다 훨씬 더 집중되는 분위기가 만들어진다. 여행을 준비하면서부터 "워크숍 여행"이라고 이름 붙여 이야기하다 보니 다른 여행과는 마음가짐이 조금은 달라지기도 한다.

2024년의 워크숍의 첫 번째 순서는, 여느 해처럼 각자의 스마트 폰 속의 일정표나 사진첩을 넘겨가며 한 해 동안 있었던 일을 돌아보는 것이었다. 언제나 가장 오래 걸리는 순서다. 한 달 한 달 짚어가다 보면 잊고 있었던 일이 다시 떠오르기도 하고, 한 해 동안 새롭게 정착된 패턴이 보이기도 한다. 이 순서를 갖기 전후의 감상이 달라지기도 하는데, 올해 안이는 "올해가 너무 빨리 지나간 것 같아 좀 허무하기도 했는데, 막상 이렇게 점검해 보니 내게도 기념비적인 일이 많았네. 다시 제 리듬을 잘 회복하고 싶은 바람이 생겨요"라는 짧은 소감을 말했다.

워크숍의 두 번째 순서 때는, 자신의 2024년을 키워드로 정리해 보면서 이어서 2025년은 어떻게 보내고 싶은지 나눴다. 각자 2024년의 키워드는 달랐지만, 2025년은 새로운 도약이라는 공통점이 들어가 있어 짤막하게 서로를 응원하는 시간도 가질 수 있었다.

세 번째 순서는 쉬어가는 시간으로 2024년에 우리 가족이 가장 많이 사용한 단어가 무엇인지 정리해 보는 "2024의 유행어 어워즈"였다. 주로 가족 대화방에서 많이 쓴 단어가 후보에 오르는데 작년에 이어 올해도 서로를 웃게 해 준 단어가 수상했다.

워크숍 네 번째는 "이제는 말할 수 있다" 순서로, 대부분 "나 사실은…"이라는 말로 시작된다. 이 시간만큼은 웃으며 자백하고, 웃으며 용서하는 시간이다. 서로 암묵적으로 지켜오던 우리 안에서의 룰을 어겼더라도 말이다(어느 정도여야 하겠지만).

그리고 워크숍 마지막 순서는, 서로에게 손편지 쓰기. 앞선 순서들은 해마다 조금씩 달라지기도 하는데 이 순서만큼은 변함없이 지켜지고 있다. 이 순서를 위해 여행을 떠나기 전 편지지 여섯 장과 편지 봉투 세 개를 미리 챙긴다. 1년을 마무리하는 시점에 서로에게 쓰는 손편지는 연중에 쓰는 편지와는 다르게 고마움과 미안함이 담긴다. 그리고 평소에 하기 어려웠던 말도 스스럼없이 하게 되는 연말 매직도 생기는 것 같다.

2022년 워크숍에서는 각자 하나씩 준비해온 질문을 던지고 모두 답하는 시간이 있었다. 안이의 질문은 "올해에 있었던 가장 큰 배움은?", 남편의 질문은 "올해 1년 중 다시 돌아가서 나의 선택을 되돌리고 싶은 순간이 있다면?", 내 질문은 "올해 자신의 가장 큰 변화는?"이었다.

그리고 코로나로 힘들었던 2020년 워크숍에서는 가장 많이 들었던 음악을 생각해보며 "올해의 음악"을 말해보기도 하고, "홈스쿨 1년을 돌아보며"와 "앞으로의 홈스쿨을 그려보며" 시간도 가졌다. 각자의 위치에서 느낀 홈스쿨에 대한 소감 중에 안이는 스스로 꾸려가야 하는 홈스쿨링이 본인의 페이스로 가는 마라톤 같다고 말했다.

워크숍을 하다보면 부모 마음에 드는 대답만 나오는 것은 아니다. 어떤 질문에 대해서는 시큰둥하기도 하지만,

이야기가 오가는 중에 자신 안에 정리되는 부분이 있겠지 믿고 지나간다.

안이에게 이제 네가 열아홉 살이 되고 곧 성인이 되고 나면 계속 이어질 수 있을까 물었더니 오히려 오래 계속하고 싶다는 말을 해주어 다행이고 고마웠다. 바라기는 남편과 내가 할아버지 할머니가 되어서도 이어지는 우리 가족의 전통으로 자리잡았으면 좋겠다.

19

불안하지 않은 엄마입니다

정확히 말하자면, 아이의 미래에 대해서만큼은 불안하지 않다는 말이다.

아이가 고졸 검정고시를 준비하겠다고 말하고 난 뒤, 공부가 잘 되어가고 있는지 궁금했던 마음 그 정도다. 주중에는 재학 중인 거캠의 팀 프로젝트에 집중하고 주말 시간을 이용해야 하는데 기간이 얼마 남지 않은 시험이 가능할까 싶은 그 정도. 걱정은 있었지만 그런 상황이 나의 불안함을 키우지는 못했다. 검정고시 한 번으로 어찌 될 만큼 인생이 그리 호락호락하지 않다는 것을 이제는 알기 때문이다.

처음부터 불안하지 않았던 것은 아니다. 아니, 사실 나는 걱정도 많고 불안도 많은 편이다. 홈스쿨링을 선택한 이후에도 불안과 안정 사이를 하루에도 여러 번 오가기도 했다. 그러다가 어느 날 갑자기 짜잔 하고 불안이 사라진 것은 아니다. 아이가 열심히 공부하지 않아도 걱정 없이 살 수 있을만한 금덩어리가 하늘에서 떨어졌다거나, 아이의 평생을 책임질 키다리 아저씨가 등장했다거나, 알고 보니 아이에게 놀라운 능력이 있음을 알게 되었거나… 그 어떤 경우도 꿈꿔 본 적도 없고, 원하는 바도 아니었다.

가랑비에 옷 젖듯 서서히 아이의 미래에 대한 불안이 잠재워졌다. 배움에 대한 다른 선택이 있다는 생각이 들기 시작한 어느 시점부터 가족과 생각을 나누면서, 2년간의 홈스쿨링을 선택하고 부대끼면서, 홈스쿨링을 마무리하고 다음 스텝을 아이가 스스로 선택하기를 반복하면서, 그 과정에서 성장하는 아이의 모습을 보면서 느린 속도로 불안이 줄어든 것 같다. 불안이 비워진 자리에는 자신의 삶을 만들어갈 아이에 대한 믿음이 점점 자리를 넓혔다. 불안과 믿음은 동시에 사라지고 넓혀졌던 것이다. 이렇게 분명히 말할 수 있게 된 것도 불과 1,2년 전쯤인 것 같다.

아이의 대학 진학에 대해 자유로워진 과정도 결코 쉽지 않았다. 남편은 홈스쿨링 시작 무렵부터 아이의 선택에 맡기는 것으로 마음이 확고했지만, 내게 대학을 내려놓는 것은 계획에 없던 일이었다. 이 일로 남편과 크게 다투기도 했고, 서로의 생각이 좁혀지지 않아 힘들었던 시간도 있다. 엎치락뒤치락 긴 시간에 걸쳐 결국은 대학보다는 현재의 행복에 더 가치를 두는 것으로 선택하게 되었다. 대학 진학을 고민할 때쯤이면 안이도 어느 정도 자랐을 테니 본인의 선택에 맡기는 것으로 정리되었다. 생각이 정리된 후에도 마음은 또 달라서 미련의 꼬리는 꽤 길게 이어졌다. 그렇게 현재에 더 가치를 두기로 한 것에 집중하던 어느 틈에 아이의 대학 진학에 대해 자유로워진 나를 느낄 수 있었다.

　　아이러니하게도 그런 마음이 들고 얼마 지나지 않아, 아이는 처음으로 대학을 경험해 보고 싶다는 말을 했고, 우리는 천천히 생각해 보자 했다. 그리고 1년쯤 지난 어느 주말 진로에 대한 이야기를 진지하게 나눴다.

"공부해보고 싶은 전공이 생겼어?"

"철학이나 역사 이런 쪽으로 공부하고 싶긴 한데, 내 상황에서 갈 수 있을만한 대학에는 대부분 그 과가 없네."

"아, 그렇구나. 어쩌지?"

"근데 괜찮아. 나 사실 뭐라도 재미있게 공부할 수 있을 것 같아."

"와우, 정말?!"

"그래서 대학을 먼저 정할까 싶은 생각도 드는데."

"그것도 좋지만, 아직 급한 거 아니니까 하고 싶은 공부를 찾는 데 좀 더 시간을 들여보는 게 좋을 것 같네."

"그럴게!"

　　이제 준비해서 대학에 갈 수 있을까 하는 현실적인

걱정이 들지 않았던 것은 아니다. 하지만 이 또한 내게 불안을 갖게 하지는 못했다. 오히려 아이가 배움의 재미를 잃지 않고 있는 것이 기뻤고, 배움을 이어가고 싶은 마음이 생겼다는 자체로 고마웠다.

오랜 시간이 걸려 겨우 대학 진학에 대한 마음을 내려놓았는데, 얼마 지나지 않아 아이 입에서 대학에 대한 이야기가 나와 잠시 이게 뭔가 싶기도 했다. 하지만 곧 다행이라 여겼다. 짐작해볼 뿐이지만, 아이가 대학에 대한 이야기를 꺼냈을 때 내 속마음의 기준에 따라 아이에게 해줄 수 있는 말은 크게 달랐을 것이다. 다행히도 처음 대학에 대해 생각하게 된 아이의 마음과 내 마음이 크게 다르지 않은 상태에서 대화를 나눌 수 있었다. 내가 가지고 있는 기준이 없어진 덕분에 아이를 내가 원하는 쪽으로 당겨오지 않을 수 있어 다행이었다.

"엄마, 나 8월에 검정고시 한 번 더 봐야겠어. 대학 가게 될지 모르니까, 좋은 점수 받아둬야지." 대학에 대한 말을 꺼낸 후, 진로에 대한 아이의 첫 준비였다.

부모가 나서지 않으면 아이가 한 발 앞장서서 자신의 다음 스텝을 고민한다는 것을 이제는 안다. 그 시작이 늦어질지언정 머뭇거리는 시간만 기다릴 수 있다면, 어느샌가 자신의 길을 걷고 있는 아이를 보게 된다. 앞서 인용했듯, 모든 아이들에게는 자기 인생을 잘 만들어가고 싶어하는 마음이 있기 때문이다. 생각해 보면 나와 남편은 그동안 아이의 미래를 앞서 재단하지 않으려 연습하는 시간을 지나온 것 같다.

아이가 커갈수록 선택의 크기도 커지는만큼 선택의 실력을 더욱 발휘해야 한다. 아이는 자라는 동안 크고 작은 선택을 연습했을 것이다. 진로를 눈앞에 둔 아이는 이제 그간 쌓아온 자신의 실력을 발휘해야겠지. 다만 바라는 것이 있다면 아직은 현실적인 쪽보다 더욱 설레는 쪽으로 선택하기를 바라는 마음이다.

나의 네 번째 진솔한 이야기(매듭말)

엘리베이터에서 어린아이들을 만나는 순간은 나에게 특별하다. 짧은 시간이지만 같은 공간에 머물러 아이들과 눈을 맞출 기회가 있다는 것이 즐겁다. 유아차에 탄 아이에게도, 아빠에게 안긴 아이에게도, 할머니 손을 잡고 서 있는 아이에게도 눈으로 말할 수 있는 순간이다. 기회를 놓치지 않고 눈으로 웃으며 마음을 전한다. '아줌마는 너희들이 몸도 마음도 건강하게 자라길 진심으로 바라.'

우리 동네 엘리베이터에서 만나던 어린아이들은 이제 모두 청소년이나 성인이 되었다. 예전과 다르게 눈을 마주쳐주지 않는 나이지만 그 아이들을 향한 마음은 똑같다. 무거운 책가방을 메고 하교하는 아이를 보면 오늘도 수고 많았다고 어깨를 쓰다듬어주고 싶은 마음이 한가득이다. 마음속으로 생각만 했을 뿐, 다 큰 아이들에게 실제로 그렇게 한 적은 없으니 안심하시길.

한눈파는 부모수업

외동아이의 육아와 홈스쿨링에 대한 글을 쓰면서 행여 나의 경험이 강요로 느껴지지 않을까 조심스러웠다. 외동이 낫다느니, 홈스쿨링을 하라느니, 대안학교를 보내야 한다느니, 책 육아를 반드시 해야 한다느니, 아이는 엄마가 키워야 한다느니… 이 책에 쓴 우리의 이야기가 정답이 되지 않도록 노력했다. 그럼에도 그렇게 느껴지는 서툰 문장이 있었다면 용서하시길. 사회는 과도하게 불안을 부추기지만 다수의 선택을 외면해도 괜찮다고, 자신이 가치를 두는 쪽으로 방향을 틀어도 괜찮다고, 그런 가정이 여기에 하나 더 있다고 말하고 싶었다.

꿈쩍 않는 대한민국 교육 현실에서 한눈을 팔았다가는 뒤처질까 불안한 아이들과 부모님들에게 진심으로 괜찮다고 말하고 싶었다. 그런 말 한마디를 듣는다고, 괜찮다고 마음을 먹는다고 삶이 드라마틱하게 변할리는 없다. 하지만, 시험 문제 앞에서 숨을 쉬지 못하는 아이에게, 그 아이 곁에서 해줄 수 있는 것이 없는 부모에게 괜찮다는 말 한 마디가 숨 쉴 틈을 줄 수 있기를 소원한다.

조금더 욕심을 내어본다면, 다른 선택을 하는 사람들이 만들어낼 바람을 기대한다. 단번에 태풍 같은 바람을 만들어 낼 수 없다는 건 잘 안다. 다만 소수의 사람들이 만든 미풍일지라도 누군가에게는 다른 사람과 다르게 살아도 괜찮다는 용기를 실어다 줄 수 있으리라 믿는다. 아이들이 지금 웃을 수 있도록 이 책이 작은 바람이 되기를 더욱 소원한다.

2025년 2월

이금화